# Rhythmik und Gestalten

Ingeborg Rathmann
Margot Weiss

ALS-STUDIO-
REIHE 714

Als Verlag
FRANKFURT

**Impressum**



Herausgeber: I. Kreide, Frankfurt
Ideen, Text und Gesamtkonzept:
Ingeborg Rathmann, Margot Weiss, Wiesbaden
Gestaltung: Christel Claudius, Hamburg
Fotos: Lucie Gamber, Eltville
Satz: Bruno Bopp, Hanau 6
Druck: Dosek und Schwendner GmbH, Seligenstadt 2

Bestell-Nr. 29.714
ISBN 3-921366-68-2

---

CIP-Kurztitelaufnahme der Deutschen Bibliothek:
**Rathmann, Ingeborg:**
Rhythmik und Gestalten/Ingeborg Rathmann; Margot Weiss.
[Hrsg.: I. Kreide. Fotos: Lucie Gamber].
– Frankfurt/Main: ALS-Verlag, 1987.
(ALS-Studio-Reihe 714)
ISBN 3-921366-68-2
NE: Weiss, Margot; GT.

---

**ALS-Verlag GmbH,
Postfach 700152,
D-6000 Frankfurt/Main 70.**

# Vorwort

Lesen wir Rhythmik, so denken wir an Verbindung von Bewegung mit Musik. Aber nicht allein Musik und Bewegung, sondern der gesamte künstlerische Bereich kann durch Rhythmik beeinflußt werden.
Dieses Buch befaßt sich intensiv mit der Verbindung Rhythmik und Gestalten, wobei unter Gestalten verschiedene künstlerische Techniken, wie Zeichnen, Malen, Collagen, verschiedene Drucktechniken verstanden wird.
Rhythmik ist die Verbindung von Zeit, Kraft, Raum und Form (nach E. Feudel) und läßt sich in jedes künstlerische Tun einbringen.
E. Feudel schreibt in ihrem Buch "Dynamische Pädagogik":
"Die ungemein starke Wirkung, die der Umgang mit Raum, Zeit, Kraft und Form auf die Charakterbildung und Persönlichkeit des jungen Menschen hat, klingt unwahrscheinlich und unglaubhaft, aber nur, weil sie noch nie von Grund auf untersucht wurde. In der Praxis ist sie zuerst überraschend, dann überzeugend, und schließlich scheint sie zum einzig Wahren im Strudel der Ereignisse, zur gelegentlichen Wirklichkeit zu gehören."
Weiter:
"Aus der rhythmischen Ordnung heraus vermögen Menschen zu kreativer Gestaltung zu kommen und zu einer kreativen Gestaltung, die von einer rhythmischen Ordnung beeinflußt wird, die aber immer die Möglichkeiten des einzelnen Individuums berücksichtigt."
Wir haben in langjähriger Erprobung immer wieder staunend erlebt, wie Rhythmik in ihrem Grundkonzept Zeit, Kraft, Form und Raum bei Kindern nicht nur im Bereich Musik und Bewegung, sondern auch dem der gestaltenden Kunst, Kreativität und Sensibilität weckt und fördert.
Deshalb gilt das Gleiche nicht nur für Rhythmik in Verbindung mit Musik, sondern auch Rhythmik in Verbindung mit Gestalten und als Quintessenz Rhythmik in Verbindung mit allem künstlerischen Tun gemeinsam.
Dies heißt dann: **Das Kind in seiner Gesamtheit zu fördern und ihm optimale Hilfen für seine körperliche, geistige und seelische Entwicklung zu geben.**
Das Grundprinzip dieses Buches ist es, die Erfahrungen der Rhythmikstunde in gestaltende Form zu bringen. Allerdings kann es auch durchaus umgekehrt sein: Erst Gestaltung, dann Rhythmik.
Um die Sensibilisierung für Formen und Linien zu fördern, halten wir es für wichtig, daß das Erlebte nicht, bzw. möglichst nicht, mit Hilfsmitteln durchgeführt wird.
Das Kind kann durch freies Zeichnen noch einmal, ganz in seiner Art, nachempfinden und ausdrücken.
Durch die Benutzung von Schablonen werden teilweise Anregungen gegeben, Hilfsmittel aus der Umwelt des Kindes zu benutzen (dies wiederum macht es offener für seine Umgebung).
Im Gestaltungsbereich werden vor allem die vier Grundfarben benutzt, die die Kinder von den Rhythmikgeräten her kennen. Darauf wird aufgebaut.
Geschrieben wurde das Buch für Kindergarten, Grundschule und Behindertenbereich.
Es ist bestimmt nicht vollzählig und kann nur Anregung sein für dieses kreative Tun mit Kindern verschiedener Altersgruppen.

Ingeborg Rathmann Margot Weiss

## AUTOREN

**Ingeborg Rathmann**

bekannt als Autorin und Herausgeberin der Loseblattfolge MUSISCHE STUNDE sowie zahlreicher Publikationen und Beiträgen in Fachzeitschriften zum Thema Rhythmik im deutschsprachigen Raum.

Begründerin und ehemalige Leiterin der Musischen Vorschule, Wiesbaden. Mitarbeiterin an einem Musikseminar zu den Themen Rhythmik und Allgemeine Musikerziehung unter Einbeziehung von Orff Instrumenten.

Lehrbeauftragte an Fachschulen und Fachochschulen für die Fächer

Allgemeine Musikerziehung
Ganzheitliche Bewegungserziehung
Kreative Gestaltung und Tanz.

Für diese Themen auch langjährige Referentin in der Erzieher- und Lehrerfortbildung im Bundesgebiet.

Vorträge im Ausland.

**Margot Weiss**

Erzieherin, Mitarbeiterin einer "Musischen Vorschule für drei- bis sechsjährige Kinder", ist Mutter von zwei heranwachsenden Kindern und vor allem als Malerin tätig.

Ihre Arbeiten fanden in Ausstellungen bereits Aufmerksamkeit und Anerkennung.

# Inhalt

# Raumerfahrungen durch Bewegungsformen

**ZIELE**

Erfahren von Linienformen im und durch den Raum und sich dabei üben in:

- Sozialem Verhalten
- Einfühlungsvermögen
- Konzentration
- Rückerinnerungsvermögen
- Merkfähigkeit
- Vorstellungsvermögen
- Kreativität
- Sensibilisierung

- Gehen
- Laufen
- Hüpfen
- Springen
- Kriechen
- Vierfüßlergang
- Bauchlage ziehen und schieben
- Rückenlage ziehen und schieben
- Bewegungsabläufe koordinieren
- Bewegungsformen vertiefen

- Raumwege so darzustellen, daß sie von anderen in ihrer Form erkannt und benannt werden können

- Raumwege aber nicht nur allein exakt darstellen, sondern auch in der Gruppe

## DURCHFÜHRUNG

Für die verschiedenen Raumwege werden von den Kindern immer bestimmte Anfangsplätze benutzt.

**Verschiedene Ausgangspunkte:**

1. Die Kinder verteilen sich im Raum so, daß sie nach jeder Seite hin gleichmäßig Platz haben. Eine Hilfe dazu: "Hebt die Arme seitlich hoch und dreht euch im Kreis. Verteilt euch dabei so, daß ein Kind kein anderes mit den Fingern berührt."

2. Alle Kinder stellen sich in einer Reihe in der Mitte oder am Rand des Raumes auf, oder aber an einer bestimmten Wand.

3. Alle Kinder stellen sich in der Diagonale auf. Dazu ist es nötig, daß man das Wort Diagonale erklärt und eventuell durch Spannen der Zauberschnur oder Legen des Taues darstellt.

4. Alle Kinder stellen sich im Kreis auf.

5. Alle Kinder stellen sich als Gruppe auf. Hier muß erklärt werden, daß sich die Kinder an einer bestimmten Stelle in loser Form versammeln.

Durch die verschiedenen Aufstellungsmöglichkeiten haben die Kinder bereits erste Formerfahrungen im Raume gemacht.

**Übung zur Merkfähigkeit:**
Die Kinder schauen sich ihre Stellung im Raum an. Sie merken sich den Nachbarn davor, daneben, dahinter. Sie merken sich einen besonderen Punkt (wie Lampe, Schrank usw.) und wie sie dazu stehen.
Auf ein Signal hin (Schellentrommelschlag, Klatschen in die Hände o. ä.) laufen sie frei durch den Raum und kommen beim nächsten Signal wieder auf ihren Platz zurück.
Diese Übung kann als Bewegungsformvorübung in den verschiedensten Arten an den Anfang der Stunde gesetzt werden.
Sie gehen, laufen, hüpfen usw., auch rückwärts.

## VORGEGEBENE LINIEN (GERADEN) ALS WEGE VON BEWEGUNGSFORMEN

Methodisch kann hier auf zweierlei Art vorgegangen werden.

### Geraden

Entweder bietet der Lehrer wenige Linien, die über viele Bewegungsformen dargestellt werden an, oder er verfährt umgekehrt.
Hier kann man auch Hilfsmaterialien verwenden wie:
– Seile
– Stäbe.
Das ist für Kinder anschaulicher.

**Anmerkung:** Bei kleineren Kindern würde ich mit wenigen Linien beginnen und diese für alle Bewegungsarten benutzen. Dadurch vertieft sich die Linienformvorstellung besser, weil sie sie immer wieder neu erfahren.
Ebenso würde ich im Behindertenbereich verfahren.

Die Kinder stehen an einer Seite des Raumes in einer Linie.
Von hier aus gehen sie eine Gerade solange, bis sie nicht mehr können. Dann drehen sie sich um und gehen diese Linie wieder zurück.

Sie üben paarweise.

Sie fassen sich alle an und gehen gemeinsam.

**Achtung:** Die Kinder sollen sich bemühen, beim gemeinsamen Gehen möglichst ihre Linie zu erhalten.

Die Kinder stehen verteilt im Raum und schauen dabei in eine beliebige Richtung.
Sie gehen gleichzeitig los in der Geraden, bis sie nicht mehr weiterkönnen. Dann drehen sie sich um und kommen auf ihren Platz zurück.

**Achtung:** Dabei sollen die Kinder darauf achten, daß sie einander nicht anstoßen.

Die Kinder gehen zu zweit von dem Platz eines Kindes aus und zurück und dann vom Platz des anderen Kindes aus.
Dabei verändert sich die Platzansicht, und es bedarf erhöhter Aufmerksamkeit des Kindes, welches mit dem anderen zusammen von dessen Platz ausgeht.

Die Kinder gehen allein und zu zweit von ihrem Platz in Kreisaufstellung aus.

Alle Kinder stellen sich in einer Reihe (=hintereinander) auf und zwar so, daß sie eine möglichst lange Gerade gehen können. Sie gehen, bis es nicht mehr geht, kehren um und gehen zurück.

Die **Gerade** kann nun mit weiteren Bewegungsformen vertieft werden.

Als nächste Linienform bietet sich das **Wellenlinienbewegen** an.

Stehen die Kinder in ihrer ersten Grundausgangsstellung, sollten sie zunächst die Wellenlinien mit beiden Armen in der Luft zeichnen.
Dann schauen sie sich von ihrer Ausgangsstellung aus die Möglichkeiten von Wellenlinien im Raum an. Sie verfolgen diese mit den Augen.
Bei Signal beginnen sie sich zu bewegen.

Die Wellenlinien können auch gut zu zweit vollzogen werden.

In der Gruppe bietet sich die Reihe wiederum an. Ist die Gruppe zu groß, können es zwei und auch drei Reihen sein.

Eine Erweiterung der Wellenlinie ist die **Schlangenlinie,** deren Bögen ausgeprägter sind. Dies muß den Kindern gut bewußt gemacht werden.

Der **Bogen** wird am besten von der Aufstellung im Raum oder im Kreis aus entwickelt. Dabei ist zu beachten, daß das jeweilige Kind nur einen im Raum möglichst weit gespannten Bogen vollziehen soll.

**Anmerkung:** Einen Bogen in der Gruppe zu vollziehen ist uneffektiv.

Die Kinder suchen sich zu zweit einen Platz im Raum um entweder eng nebeneinander oder einen Schritt auseinander **Parallelen** zu vollziehen.

**Diagonalen** werden allein oder zu zweit von zwei Eckausgangspunkten des Raumes nacheinander vollzogen.

Der **Kreis** kann allein, zu zweit und in der Gruppe erarbeitet werden. In der Gruppe ist es wichtig, daß die Kinder sich untereinander so orientieren, daß die Abstände gleich groß sind.

**Quadrat, Rechteck, Dreieck, Raute, Acht** usw. sind weitere Formen, die auf oben genannte Art erarbeitet werden können.

**Gruppenbewegungsformen:**
- Hintereinander in der Reihe
- nebeneinander in der Reihe
- weitläufig gezogen oder eng anein-
- ander sich bewegen.
- In der Reihe auf die Schultern gefaßt,
- nebeneinander gehend an den Hän-
- den gefaßt.

## LINIEN KREATIV GESTALTEN

Aus dem Erlernten können die Kinder nun nach ihren eigenen Vorstellungen Linienformen gestalten.

Die Kinder stehen verteilt im Raum und haben Zeit, sich einen Raumweg mit drei Linienformen vorzustellen. Auf Signal geht jedes Kind seine Linienformen oder es kann dazu auch noch die eigene Bewegungsform entwickeln. Aber immer muß beachtet werden, daß keiner den anderen anstößt.

Alle Kinder setzen sich an die Wand. Ein Kind geht auf seinen Platz im Raum und entwickelt noch einmal seine drei Linienformen. Es soll sie so gut vollziehen, daß sie erraten werden können.

**Achtung:** Um mit vielen angefaßten Kindern Formen gut zu gehen, hat es sich bewährt, daß die Kinder so aufgestellt werden, daß jeweils ein Kind mit dem Gesicht zur einen Seite und das darauf folgende mit dem Gesicht zur anderen Seite sieht. In dieser Form kann man lange "Kinderschlangen" in jeder beliebigen Richtung und Länge der Zeit bewegen.

**Gruppenbewegung im Raum**
Sind die Kinder in Raumlinien geübt, so können sie die verschiedensten Linienformen in kleiner Gruppe gleichzeitig vollziehen.

Der nächste Schritt ist für größere Kinder sehr aktivierend, wenn jede Gruppe eine andere Linienform gehen kann.

**Pädagogischer Hinweis:** Dabei kann der Lehrer besonders Konzentration, soziales Verhalten und Einfühlungsvermögen des einzelnen Kindes beobachten.

Zwei Kinder stehen zusammen auf ihrem Platz im Raum und entwickeln einige Linienformen.
Später kann wieder geraten werden.

Eine Gruppe entwickelt Linienformen, die erraten werden.

Die Kinder legen Linienformen allein, zu zweit oder in der Gruppe mit verschiedenen Materialien wie:

Tau
Zauberschnur
Stäbe
Klangstäbe
auch Keulen
oder Turnschuhe
oder **sich selbst**
oder alles gemischt.

**FÜHREN UND FOLGEN**

Zur Erarbeitung von Linienformen durch Raumwege gehört auch "Führen und folgen".

Die Kindergruppe steht in einer Reihe ziemlich eng aufgeschlossen. Das erste Kind führt seine Linienform als Raumweg sich wiederholend solange, bis es durch ein Signal von dem ihm nachfolgenden Kind abgelöst wird, was wiederum entweder eine vorgegebene Linienform oder eine eigene als Raumweg vollzieht. Das vorher führende Kind schließt am Ende der Reihe an. Dies geschieht solange, bis alle Kinder geführt haben.

"Führen und folgen" kann bei geübten Kindern auch in zwei oder mehreren Gruppen (Raum muß groß genug sein) durchgeführt werden.

**Erweiterung:**
Die Kinder gehen nicht nur, sondern sie laufen oder hüpfen usw.

Ein Kind trommelt dazu. Wenn die Trommel verstummt, wird gewechselt.

Ein Kind trommelt, ein weiteres zeigt den Wechsel durch Beckenschlag an. Der Lehrer flötet. Unterbricht er das Spiel, wird gewechselt.

Eine Platte mit Musik, die für die jeweilige Bewegungsform geeignet ist, wird gespielt. Den Wechsel des Führenden gibt der Lehrer mit einem Handtrommelschlag an.

Die Kinder singen ein kurzes Lied. Am Ende jeder Strophe wird gewechselt.
Es kann auch in Liedabschnitten gewechselt werden.
Zum Beispiel eignet sich "Aramsamsam" aus Tanzkarussell 2 FIDULA-Verlag.

Die Kinder können ihre Bewegungsformen auch selbst mit Klangstäben begleiten.
Der Lehrer gibt das Metrum und den Wechsel mit Schellentrommelschlag an.
Auch dazu kann gesungen werden.

**Bezug:** Raumerfahrungen durch Bewegungsformen.
**Aufgabe:** Stelle die Aufstellungsmöglichkeiten im Raum durch Linien dar.
**Material:** Papier, Filzstifte.
**Durchführung:** Die Kinder stellen die erarbeiteten Aufstellungsmöglichkeiten im Raum durch gezeichnete Linien dar. Die Linien werden aus freier Hand gezeichnet.

**Bezug:** Raumerfahrung durch Bewegungsformen.
**Aufgabe:** Stelle die Aufstellung in der Gruppe mit Hilfe von aufgeklebten Buntpapierpunkten dar.
**Material:** Papier, Buntpapier.
**Durchführung:** Die Kinder schneiden Buntpapierpunkte aus freier Hand aus. Jeder Punkt steht für eine Person. Die Punkte werden dann, zu Gruppen geordnet, aufgeklebt.

**Bezug:** Raumerfahrung durch Bewegungsformen.
**Aufgabe:** Stelle durch Punkte und Linien das Gehen einer Geraden von einer Linie aus dar.
**Material:** Papier, Filzstifte, Buntpapier.
**Durchführung:** Durch das Aufkleben von Buntpapierpunkten in einer Linie zeigen die Kinder ihre Ausgangsstellung im Raum. Jeder Punkt steht für eine Person.
Die Gerade, die sie gegangen sind, zeichnen die Kinder dann mit dem Stift auf.

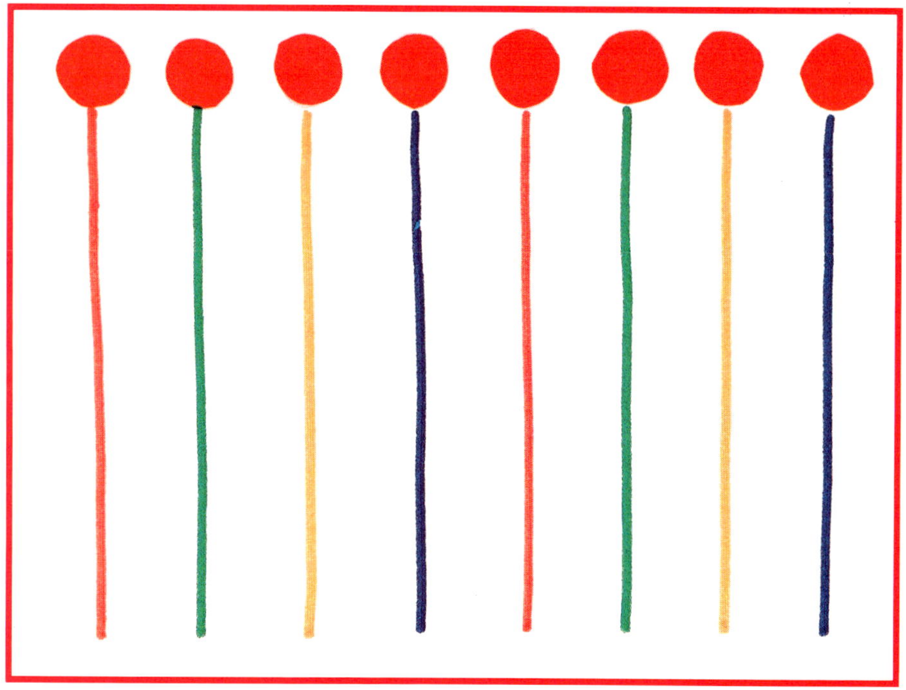

**Bezug:** Raumerfahrungen durch Bewegungsformen.
**Aufgabe:** Stelle durch Punkte und Linien das Gehen einer Geraden von einer Diagonalen aus dar.
**Material:** Papier, Filzstifte, Buntpapier.
**Durchführung:** Die Kinder zeigen ihre Ausgangsstellung, die Diagonale, durch das Aufkleben von Buntpapierpunkten.
Die Gerade, die sie von der Diagonalen aus gegangen sind, stellen sie als Linie, mit dem Filzstift gezeichnet, dar.

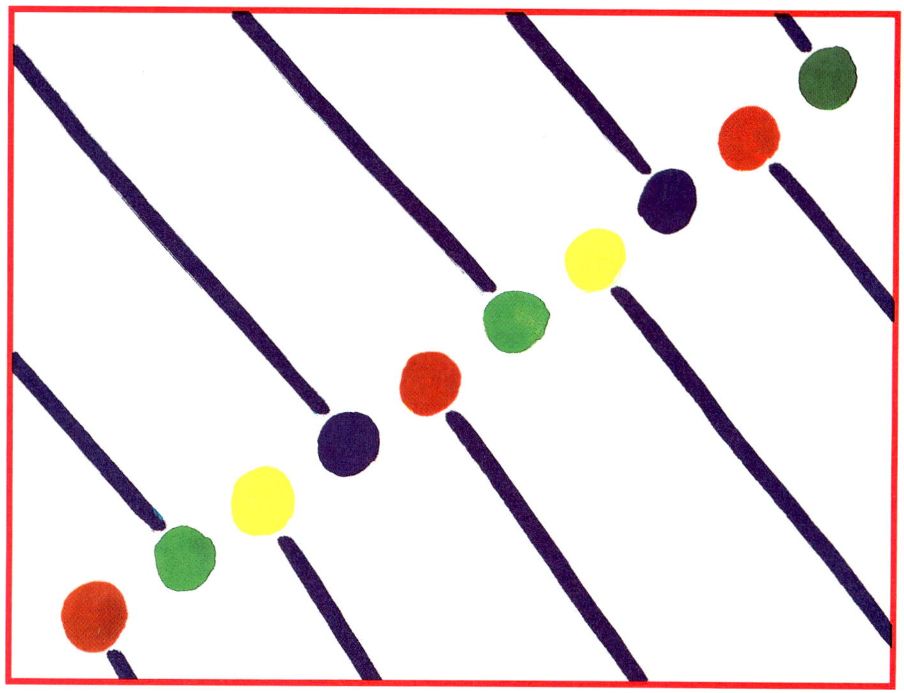

**Bezug:** Raumerfahrungen durch Bewegungsformen.
**Aufgabe:** Stelle durch Punkte und Linien das Gehen einer Geraden vom Kreis aus dar.
**Material:** Papier, Wasserfarben, Filzstifte.
**Durchführung:** Für jedes in der Kreisaufstellung stehende Kind wird mit dem in Wasserfarbe getauchten Finger der Platz auf das Papier getupft. Die Kinder zeichnen dann die von ihnen gegangene Gerade mit Filzstift auf das Blatt.
**Hinweis:** Um das Tupfen in Kreisform zu erleichtern, kann der Kreis vorher aufgezeichnet werden (Zirkel, Glas oder andere Kreisform umrunden).

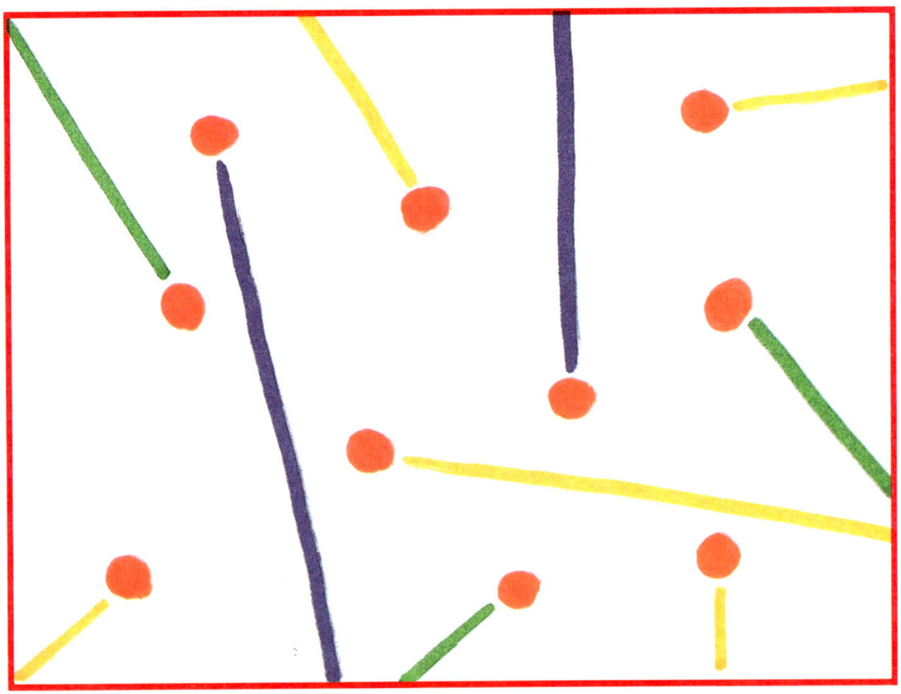

**Bezug:** Raumerfahrungen durch Bewegungsformen.
**Aufgabe:** Stelle durch Punkte und Linien das Gehen einer Geraden von einem beliebigen Platz im Raum aus dar.
**Material:** Papier, Filzstifte.
**Durchführung:** Ihren Platz im Raum stellen die Kinder durch einen mit Filzstift gezeichneten Punkt dar. Dann zeichnen sie ihre gegangene Gerade mit Filzstift auf das Papier.

**Bezug:** Raumerfahrungen durch Bewegungsformen.
**Aufgabe:** Male Linien, die in verschiedene Richtungen laufen und sich kreuzen.
**Material:** Papier, Wasserfarben.
**Durchführung:** Die Kinder malen mit dem Pinsel und Wasserfarben Linien, die in verschiedene Richtungen laufen und sich kreuzen.
Der Farbauftrag der Linien sollte noch naß sein, wenn sie sich kreuzen. Durch das Ineinanderlaufen der Farben an den Kreuzungspunkten entstehen so reizvolle Farbmischungen.

**Bezug:** Raumerfahrungen durch Bewegungsformen.
**Aufgabe:** Welche geschlossenen Formen kann man mit Hilfe der geraden Linie bilden?
**Material:** Papier, Filzstifte.
**Durchführung:** Aus freier Hand zeichnen die Kinder die Formen, die sie kennen oder erarbeitet haben, auf das Papier (Dreieck, Rechteck usw.).

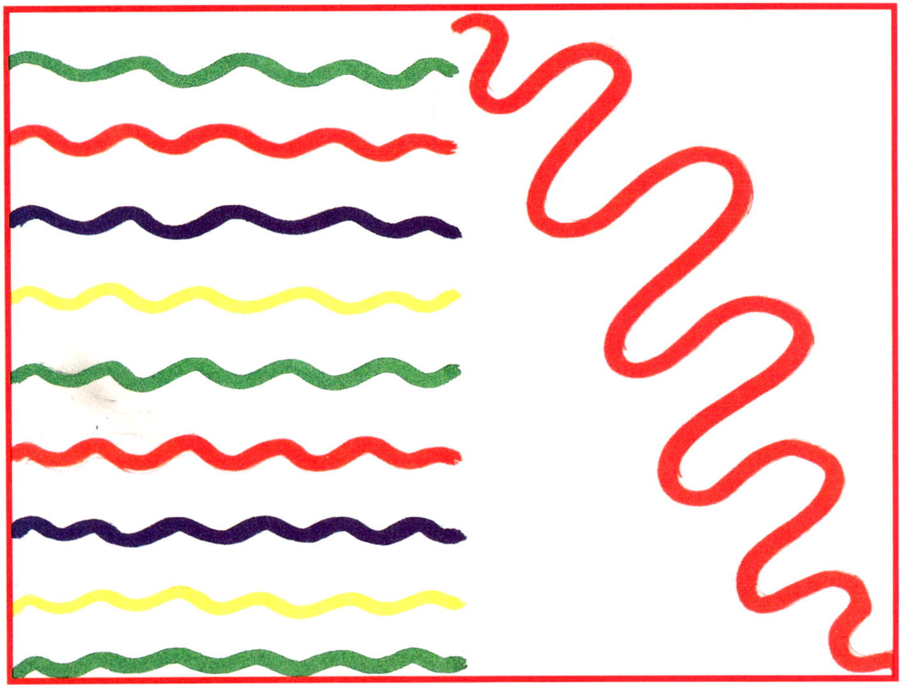

**Bezug:** Raumerfahrungen durch Bewegungsformen.
**Aufgabe:** Zeichne auf eine Hälfte des Blattes Wellenlinien untereinander, auf die andere Hälfte nur eine Schlangenlinie.
**Material:** Papier, Filzstifte.
**Durchführung:** Die Kinder zeichnen, um den Unterschied Wellenlinie – Schlangenlinie deutlich zu zeigen, mehrere Wellenlinien untereinander auf eine Blatthälfte, auf die andere Hälfte des Blattes aber nur eine Schlangenlinie.

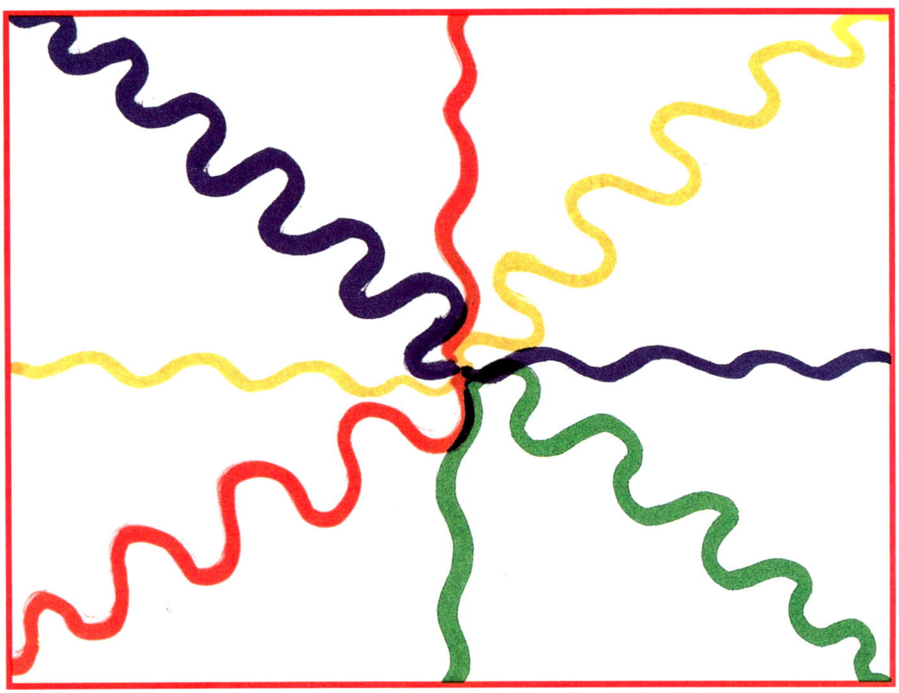

**Bezug:** Raumerfahrungen durch Bewegungsformen.
**Aufgabe:** Zeichne Wellen- und Schlangenlinien, die vom Blattmittelpunkt aus in verschiedenen Richtungen laufen.
**Material:** Papier, Filzstift.
**Durchführung:** Vom Mittelpunkt des Blattes ausgehend zeichnen die Kinder Schlangenlinien bis in jede Ecke hinein und Wellenlinien senkrecht zu den gegenüberliegenden Seiten.

**Bezug:** Raumerfahrungen durch Bewegungsformen.
**Aufgabe:** Gestalte ein Bild mit ausgeschnittenen Schneckenlinien.
**Material:** Papier, Seiten aus Illustrierten usw.
**Durchführung:** Die Kinder schneiden aus den Illustriertenseiten unterschiedlich große "Schnecken" aus, und fügen diese zu einer Collage zusammen.
**Achtung:** Das Ausschneiden dieser Form ist für Kinder sehr schwierig, deshalb ist diese Gestaltung nur für ältere Kinder geeignet.
**Erweiterung:** Die Schneckenform läßt sich auch gut aus dicker Kordel kleben.

**Bezug:** Raumerfahrungen durch Bewegungsformen.
**Aufgabe:** Gestalte ein Bild durch Linien und durch den Wechsel der Linienformen.
**Material:** Papier, Filzstifte.
**Durchführung:** Die Kinder beginnen ihr Bild durch das Zeichnen einer Linie in der Blattmitte. Diese Linie besteht aus Zacken und Bögen.
Sie wird nun solange wiederholt gezeichnet, bis die Papierfläche ausgefüllt ist.
Bei jedem Wechsel der Linienform wechseln die Kinder auch die Farbe.

**Bezug:** Raumerfahrungen durch Bewegungsformen.
**Aufgabe:** Gestalte ein Bild mit dem Thema "Bunte Luftballons schweben davon" durch Linien.
**Material:** Papier, Filzstifte.
**Durchführung:** Mit gebogenen und geraden Linien stellen die Kinder die Luftballons und den Hintergrund dar.

**Bezug:** Raumerfahrungen durch Bewegungsformen.
**Aufgabe:** Gestalte ein Bild mit Wachsmalstiften und gekratzter Linie.
**Material:** Papier, Wachsmalstifte, Kratzer.
**Durchführung:** Das Papier wird mit unregelmäßigen bunten Flächen bemalt (alle Farben, außer Schwarz benutzen). Dann überdecken die Kinder die gesamte Fläche mit schwarzem Wachsmalstift.
Nun werden mit dem Kratzer Linien in die schwarze Fläche gekratzt. Durch das Wegkratzen der schwarzen Farbe kommen die unterlegten bunten Farben zum Vorschein.
So können die Kinder durch die gekratzte Linie Gegenstände "zeichnen".

**Bezug:** Raumerfahrungen durch Bewegungsformen.
**Aufgabe:** Gestalte ein Bild durch übereinandergezeichnete Dreiecke.
**Material:** Papier, Filzstifte, Lineal.
**Durchführung:** Mit Hilfe des Lineals zeichnen die Kinder Dreiecke, die übereinanderliegen.
Hier muß nun darauf geachtet werden, daß die Kinder im richtigen Augenblick aufhören zu zeichnen, denn jedes Dreieck sollte noch erkannt werden können.

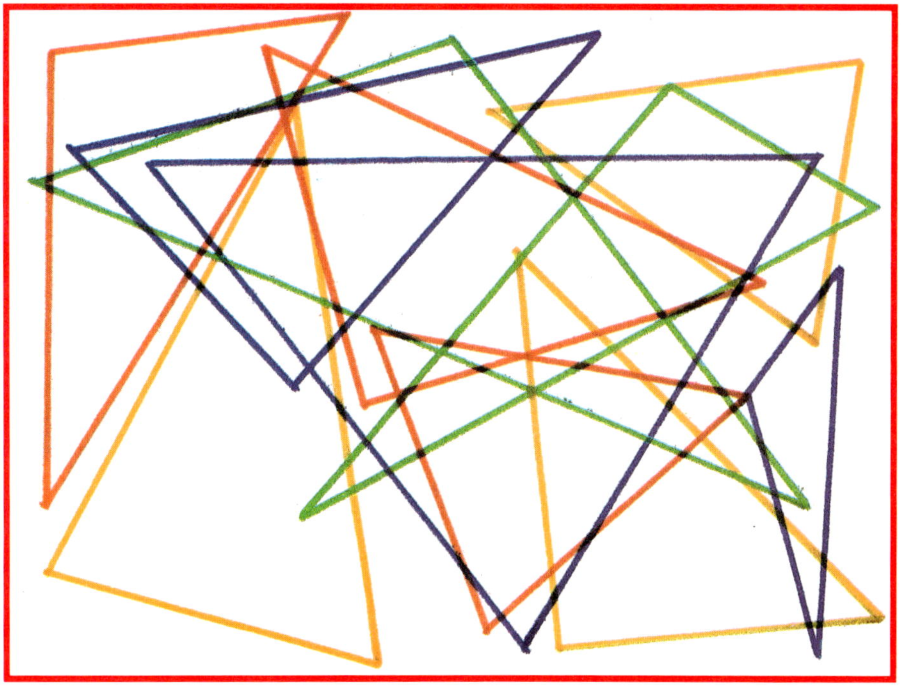

**Bezug:** Raumerfahrungen durch Bewegungsformen.
**Aufgabe:** Klebe eine Collage aus gebogenen Linien.
**Material:** Papier, Seiten aus Illustrierten usw.
**Durchführung:** Zunächst wird mit den Kindern der Begriff "Collage" (Klebebild) besprochen.
Dann schneiden die Kinder aus den Illustriertenseiten gebogene Linien und kleben aus diesen ein ungegenständliches Bild.
**Achtung:** Diese Arbeit ist für ältere Kinder geeignet. Es muß bei solch einer Collage besonders auf die Ausgewogenheit der Komposition und die farbliche Zusammenstellung geachtet werden.
Für kleinere Kinder: gebogene Linien aus Knete oder Wolle legen lassen.

**Bezug:** Raumerfahrungen durch Bewegungsformen.
**Aufgabe:** Stelle durch Linien, gestaltet mit Korkdruck, Buchstaben oder Zahlen dar (ältere Kinder).
**Material:** Papier, Wasserfarben, Korken.
**Durchführung:** Die Kinder drucken mit Korken, in Wasserfarbe getaucht, die gewählten Zahlen oder Buchstaben auf das Papier.
Jüngere Kinder könnten eine Form drucken oder Kreise oder ein Gesicht.

**Bezug:** Raumerfahrungen durch Bewegungsformen.
**Aufgabe:** Gestalte ein Bild mit der geblasenen Linie.
**Material:** Papier, Wasserfarbe, Strohhalm.
**Durchführung:** Die Kinder setzen einen Farbtupfen mit viel Wasser auf das Papier. Dann verblasen sie mit Hilfe des Strohhalms die Farbe in unterschiedliche Richtungen.
Dies wird mehrmals wiederholt.

# Formen erkennen, erfahren und gestalten

**ZIELE:**

- Erkennen von vorgegebenen Formen
- Mit diesen Formen gestalten
- Daraus eigene Formen entwickeln
- Freie Formen entwickeln
- Mit Formen gestalten

- Erkennen, behalten und erinnern
- Konzentrationsvermögen vertiefen
- Soziales Verhalten erweitern
- Kreativität entwickeln

- Gleichgewichtsübungen
- Geschicklichkeitsübungen
- Partnerübungen
- Gruppenübungen
- Übungen des allgemeinen Körpertrainings einsetzen.

- Formen allein, zu Paaren und in der
- Gruppe exakt darstellen

- Aus Formen Spiele entwickeln
- Farben erkennen und kombinieren

**VORGEGEBENE FORMEN WERDEN ERFAHREN**

Die Kinder stehen verteilt im Raum. Die **Rhythmikquadrate** liegen am Raumende verteilt auf dem Boden. Ruhig geht ein Kind nach dem anderen dort hin und sucht sich ein Quadrat mit der ihm angenehmen Farbe aus, geht zu seinem Platz zurück und stellt sich auf das Quadrat.

Dann setzen sie sich alle auf ihre Quadrate und zwar so, daß sie möglichst nicht die Füße darüber hinaus schauen lassen (es bietet sich der Schneidersitz an).

Sie umfahren mit einem Finger das Quadrat, um sich der Form bewußt zu werden.

Bei Signal springen alle gleichzeitig hoch und bewegen sich durch den Raum und zwar so, daß sie die Quadrate nicht berühren.
Beim nächsten Signal kommen sie wieder auf ihren Platz zurück.

Die Kinder knien sich hinter ihr Quadrat und umfahren seinen Rand. Dann schließen sie die Augen und umfahren es am Rand wieder. Sie öffnen die Augen, drehen sich kniend um, schließen die Augen und versuchen das Quadrat kniend auf den leeren Boden zu zeichnen.

**Hinweis:** Bei dieser Übung kann zu zweit gearbeitet werden. Zuerst übt das eine Kind und das andere schaut ihm zu, ob Form und Größe des blind nachgezeichneten Quadrats annähernd richtig ist. Dann ist das zweite Kind an der Reihe.

Alle Kinder sitzen auf ihren Quadraten. Je ein Teil des Raumes wird für ein zusammengesetztes rotes, blaues, grünes, gelbes Quadrat bestimmt.

Auf Signal geht jedes Kind zu dem Raumteil, der für seine Farbe bestimmt wurde und legt sein Quadrat so an, daß jeweils ein gleichfarbiges, großes Quadrat entsteht.
Jedes Kind merkt sich sein Quadrat und alle Kinder kommen in eine lange Reihe an eine Wand zurück.

Nun wird in folgender Weise ein ganz großes Quadrat gelegt:
Es sollen jeweils die Quadrate in abwechselnden Farben, aber immer in gleicher Weise so gelegt werden, daß aus allen Quadraten ein großes entsteht. Dabei gehen die Kinder nacheinander zu ihrem Quadrat und holen es aus dem Farbquadrat. Dann legen sie jeweils in der bestimmten Reihenfolge an.

**Erweiterung:**
Das große Quadrat soll so gelegt werden, daß eine Farbe in den Diagonalen liegt.

Das große Quadrat soll so gelegt werden, daß keine Farbe die andere berührt.

Das große Quadrat soll so gelegt werden, daß es aus vier gleichfarbigen Quadraten besteht.

Die Kinder haben wieder vier jeweils gleichfarbige Quadrate gelegt.
Durch Umlegen finden sie Möglichkeiten von Rechtecken.

Alle Kinder legen zusammen ein Rechteck und legen es verschieden farbig um.

Sie legen jeweils Rechtecke mit verschiedenen Längen und Breiten.

"Wieviele Quadrate benötigt man mindestens für ein Rechteck?"

Jeweils zwei Kinder legen gleichfarbige Rechtecke.

Sie legen Rechtecke in vorgegebenen Farbzusammenstellungen.

Sie stellen die Farbe selbst zusammen.

Die Kinder legen wieder vier, jeweils gleichfarbige Quadrate.
Jedes Kind stellt sich auf sein Quadrat.

Die Kinder legen ein beliebiges, großes Quadrat und jedes stellt sich wieder auf sein kleines.
So erleben sie sich als Gruppenform.

Mit Seilen werden beliebig große Quadrate gelegt.
Die Kinder stellen, setzen, legen sich hinein.

Sie ziehen Schuhe und Strümpfe aus und gehen mit kleinen Schritten auf der Seilumrandung ihres Quadrates entlang, vorwärts und rückwärts.

Es wird mit den Seilen ein großes Quadrat gelegt.
Die Kinder stellen sich gleichmäßig verteilt an den vier Seiten außen auf und berühren nur mit den Zehenspitzen die Seile.

Ein Kind geht innen an den Seilen entlang und versucht unter Beibehaltung der Quadratform immer kleinere Quadrate zu gehen, bis es am Mittelpunkt angelangt ist.

**Erweiterung:**
Zwei oder drei Kinder gehen hintereinander gut aufgeschlossen in der oben beschriebenen Weise.

Ebenso kann bei Rechtecken verfahren werden.

Für die Formen können verwendet werden:
Seile
Taue
Zauberschnüre
Gymnastikstäbe
Klangstäbe
Rhythmikbänder
Rhythmikstäbe
Bleibänder
lange, schmal geschnittene Streifen aus fester Pappe.

**Möglichkeiten:** Wird zur Unterbrechung einer Wanderung oder eines Spazierganges eine derartige Rhythmikübung benutzt, bieten sich Stöcke oder Steine an.
Allein sie zu sammeln, um zum Beispiel daraus ein großes Quadrat zu legen, macht Kindern viel Spaß.

**Mit sich selbst legen.**
Vier Kinder bilden in der Rücken- oder Bauchlage ein Quadrat. Um es als Fläche zu füllen, setzen sich einige Kinder mit angehockten Beinen hinein.
Oder: Die großen Kinder bilden das Quadrat und die kleinen legen sich füllend hinein.

Ebenso verfährt man beim Rechteck.

## DER KREIS

Mit einem Tau wird ein großer Kreis gelegt. Die Kinder umschreiten ihn.

Sie stellen sich außen an seinem Rand auf. Ein Kind kriecht im Vierfüßlerstand innen entlang, behält die Kreisform bei, bis es immer kleinere Kreise beschreibend im Mittelpunkt ankommt.
Ein anderes hüpft, schleicht, bewegt sich in der Bauchlage vorwärts.

Vier Kinder stehen am Innenrand hintereinander halb gebückt und haben die Hände jeweils auf den Rücken des Vordermannes gelegt. In gleichmäßigen, kleinen Schritten bewegen sie sich, den Kreis flächig abgehend bis zum Mittelpunkt.

In den Taukreis wird ein kleinerer aus der Zauberschnur gelegt, in diesen ein kleinerer mit Seilen und in diesen wiederum ein großer und da hinein ein kleinerer Reifen.

Die einzelnen Kreisteile können die Kinder mit Material füllen, wie mit:
Tennisbälle
formgerecht gelegte Tücher
Papier
Rhythmikbänder

gelegte Keulen
Turnschuhe
Kleidungsstücke
Rhythmikquadrate, wenn der jeweilige Kreisabschnitt groß genug ist.

Jedes Kind holt sich einen Reifen und legt ihn auf seinen Platz im Raum.

Es versucht ihn sitzend, kauernd, gekrümmt liegend mit dem Körper zu füllen.

Jedes Kind stellt sich in seinen Reifen. Von der Mitte aus wird nun in verschiedenen Möglichkeiten hinaus- und zurückgehüpft.

Mit nackten Füßen gehen die Kinder auf:
ihrem Reifen
dem zum Kreis gelegten Tau
zu kleinen Kreisen gelegten Seilen
vorwärts und rückwärts
unter Abrollen der Füße.

**Die Kinder stellen mit sich selbst eine Kreisfläche dar.**

Ein Teil der Kinder bildet in Rücken- oder Bauchlage (Kopf an Fuß) die Umrandung des Kreises.
Die anderen Kinder füllen ihn liegend.

**Achtung:** Es soll so lange ausprobiert werden, bis Flächendeckung und Umfang so aufeinander abgestimmt sind, daß die Innenfläche des Kreises ganz gedeckt ist.

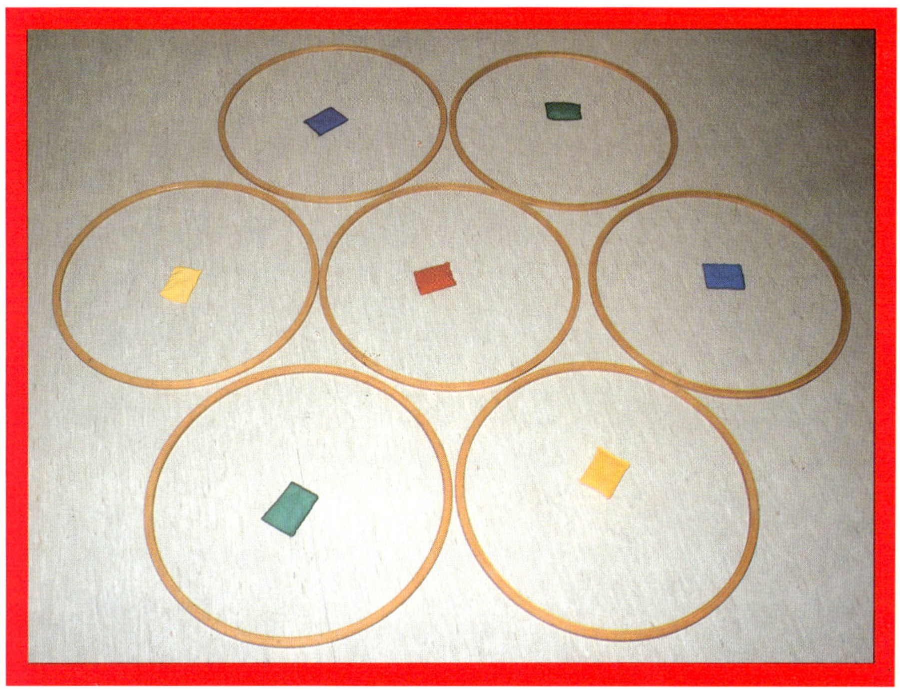

Alle Kinder stehen an einer Wand und haben einen Reifen.
Sie legen ihre Reifen zu einem großen Kreis. Sie stellen sich verteilt in die Mitte des Kreises.

Ein Teil der Kinder legt die Reifen als Kreisumrandung, der andere Teil füllt die Innenfläche, aber so, daß kein Reifen auf dem anderen liegt.

Nun stellt sich jedes Kind in seinen Reifen. Auf Signal geht jedes Kind in einen der ihm am nächsten liegenden Reifen.
Dabei muß sehr genau darauf geachtet werden, wohin sich die jeweiligen Kinder aus dem engeren Umfeld begeben, damit nicht zwei Kinder in einen Reifen gehen.

**Erweiterung:** Mit Musik wechseln die Kinder von Reifen zu Reifen. Hört die Musik auf, so bleiben alle stehen und sehen sich Platz und Umfeld im Kreis an. Dann gehen sie mit Musik wieder weiter.

**Erschwerung:** Die Kinder beginnen jeweils wieder von ihrem Reifen aus und gehen immer wieder eine neue Richtung.

**Das Häuserspiel.**

Die Kinder stehen verteilt im Raum in ihren Reifen.
Ein Kind steht ohne Reifen.
Solange Musik spielt, gehen sie durch den Raum um die Reifen herum.
Hört die Musik auf, so springt jedes Kind in den ihm am nächsten liegenden Reifen und füllt ihn liegend mit seinem Körper aus.
Ein Kind bleibt übrig, nimmt einen Reifen weg und scheidet aus.
Dann beginnt das Spiel neu.
Sieger ist, wer zuletzt im letzten Reifen liegt.

**Achtung:** Dieses Spiel kann auch mit zu Kreisen gelegten Seilen gespielt werden.

Bei kleineren Kindern: die Kinder finden ihr "Haus" wieder.

**DAS DREIECK**

Kleine und große Dreiecke können gelegt werden mit:
Tau
Zauberschnur
einem Seil
drei oder mehreren Seilen
Rhythmikbändern
Bleibändern
Gymnastikstäben
Klangstäben
Rhythmikstäben, groß und klein
schmalen, langen Pappen
Turnschuhen
unterwegs mit Stöcken und Steinen
mit sich selbst.

**Methodisch verfährt man beim Dreieck ähnlich wie beim Kreis.**

Zusätzlich sollte man gleichschenklige und gleichseitige Dreiecke legen lassen und besprechen.

Reizvoll für Kinder ist es, wenn sich einmal drei Kinder zum gleichschenkligen Dreieck legen und dann vier Kinder zum rechtwinkligen.
Diese durch Körper auszufüllen, bringt für das Körperschema neue Bewegungserfahrungen.

Haben die Kinder genügend Erfahrungen mit vorgegebenen Formen gemacht, so kann das Material zuerst einzeln, dann aber kombiniert für

**KREATIVE FORMEN**
angeboten werden.

Wichtig dabei ist aber immer, daß diese Formen auch flächig gefüllt werden. Nur so kann der Unterschied Linienform und Form (flächig gemeint) verstanden werden.

**Beispiel für eine Form mit zwei Materialien.**

Mit neun Quadraten wird ein Dreieck gelegt. Auf fünf nebeneinanderliegenden Quadraten werden zuerst drei, dann eines aufgebaut. Dieses Dreieck wird mit Seilen oder der Zauberschnur umrandet.

Kindergruppen legen Phantasieformen mit Seilen und Reifen und füllen diese mit verschiedenem Material aus.
Dann sprechen sie darüber und geben eventuell ihrem Gebilde einen Namen.

**Bezug:** Formen erkennen, erfahren und gestalten.
**Aufgabe:** Klebe unterschiedlich farbige Quadrate gleicher Größe beliebig auf dein Blatt.
**Material:** Papier, Buntpapier.
**Durchführung:** Die Kinder zeichnen mit Hilfe einer Schablone (Pappschablone, Bauklotz usw.) Quadrate auf Buntpapier, schneiden diese aus und kleben sie beliebig auf das Papier.

**Bezug:** Formen erkennen, erfahren und gestalten.
**Aufgabe:** Zeichne die Wege, die du um die Quadrate herum gegangen bist.
**Material:** Papier, dünne Pappe, Wasserfarben, Filzstifte.
**Durchführung:** Auf dünne Pappe werden Quadrate aufgezeichnet (Schablone benutzen), ausgeschnitten und mit Wasserfarbe bemalt. Nachdem die Kinder diese Quadrate auf ihr Blatt geklebt haben, zeichnen sie mit Filzstift die Wege, die sie um die Quadrate herum gegangen sind.

**Bezug:** Formen erkennen, erfahren und gestalten.
**Aufgabe:** Schneide Rechtecke mit Landschaftsmotiven aus und klebe sie auf dein Blatt. Male einen Hintergrund.
**Material:** Papier, Wasserfarben, Seiten aus Illustrierten usw.
**Durchführung:** Aus den Illustriertenseiten mit Landschaftsmotiven werden unterschiedlich große Rechtecke ausgeschnitten. Diese Rechtecke kleben die Kinder beliebig auf ihr Blatt.
Hier ist darauf zu achten, daß die ausgeschnittenen Rechtecke farblich und vielleicht auch vom Motiv her zusammenpassen.
Durch einen farblich passenden Hintergrund wirkt die Gestaltung lebendig.

**Bezug:** Formen erkennen, erfahren und gestalten.
**Aufgabe:** Gestalte sechs aneinandergefügte Quadrate mit verschiedenen Techniken.
**Material:** Papier, Wachsmalstifte, Filzstifte, Wasserfarben, Buntpapier, Seiten aus Illustrierten.
**Durchführung:** Sechs kleine Quadrate werden so aufgezeichnet, daß ein großes Quadrat entsteht.
Die Kinder gestalten nun jedes der sechs Quadrate mit einer anderen Technik.
Beispiele: Ausmalen mit Wachsmalstiften, Filzstiften, Wasserfarben; Wasserfarben mit dem Pinsel, mit den Fingern auftupfen; mit Buntpapier bekleben; aus den Illustriertenseiten Teile ausschneiden und aufkleben.

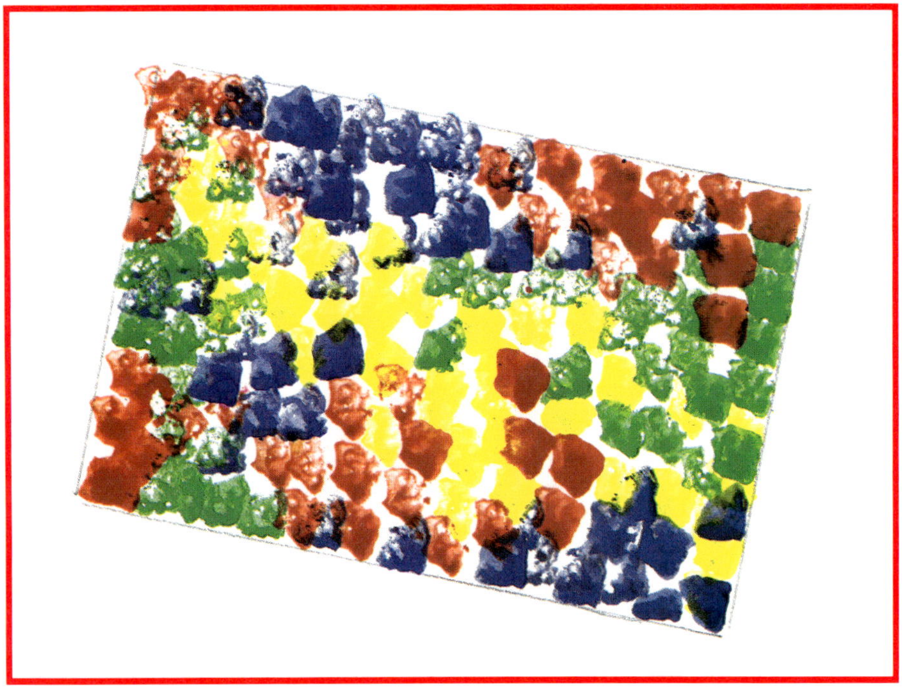

**Bezug:** Formen erkennen, erfahren und gestalten.
**Aufgabe:** Fülle ein Rechteck mit Korkdruck aus.
**Material:** Papier, Wasserfarben, Korken.
**Durchführung:** Die Kinder zeichnen ein großes Rechteck auf ihr Papier. Mit Korkdruck wird nun das Quadrat bunt ausgefüllt.

**Bezug:** Formen erkennen, erfahren und gestalten.
**Aufgabe:** Klebe vier Kreise unterschiedlicher Farbe und Größe übereinander. Der größte Kreis soll unten, der kleinste oben liegen.
**Material:** Papier, Buntpapier.
**Durchführung:** Die Kinder zeichnen mit dem Zirkel unterschiedlich große Kreise auf das Buntpapier. Die Kreise werden ausgeschnitten. Um sie gleichmäßig übereinander kleben zu können, muß der gemeinsame Mittelpunkt gefunden werden. Dies geschieht dadurch, daß alle Buntpapierkreise in der richtigen Reihenfolge, durch den jeweiligen Einstichpunkt des Zirkels hindurch, auf eine Stecknadel aufgespießt werden. Dann setzt man die Nadel mit den Kreisen auf das Papier und entfernt sie nach dem Aufkleben.
**Hinweise:** Diese Arbeit eignet sich für ältere Kinder.

**Bezug:** Formen erkennen, erfahren und gestalten.
**Aufgabe:** Gestalte unterschiedlich große Kreise in verschiedenen Techniken.
**Material:** Papier, Wasserfarben, Seiten aus Illustrierten.
**Durchführung:** Zwei Kreise werden aufgezeichnet. Die Kinder bemalen einen Kreis mit Wasserfarbe, der zweite wird mit "Fingertupfen" ausgefüllt. Einen dritten Kreis schneiden die Kinder aus einer Illustriertenseite aus und kleben ihn auf.

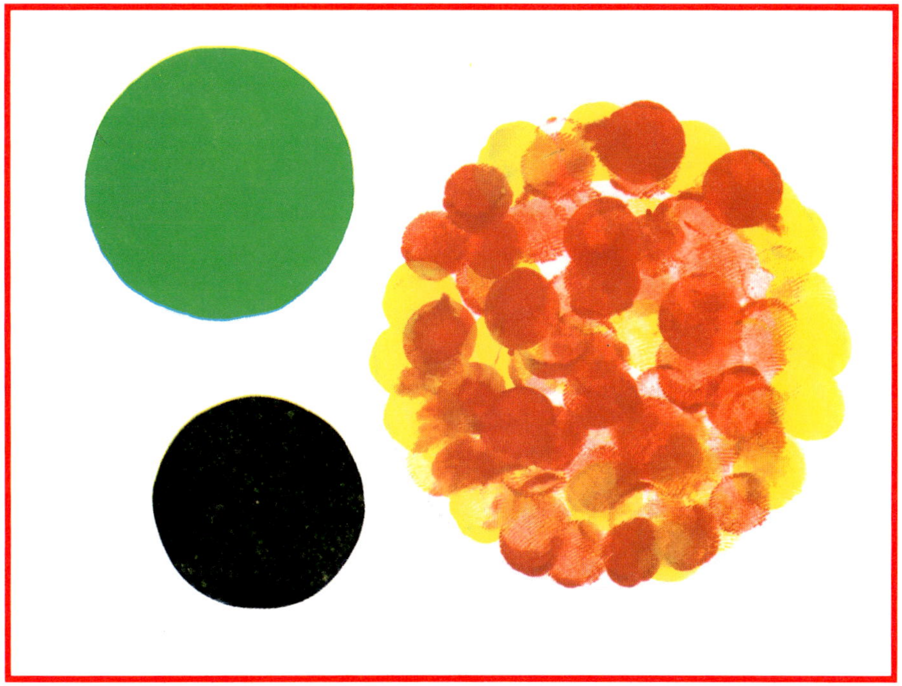

**Bezug:** Formen erkennen, erfahren und gestalten.
**Aufgabe:** Klebe eine Collage aus ausgeschnittenen Kreisen.
**Material:** Papier, Seiten aus Illustrierten.
**Durchführung:** Die Kinder schneiden aus den Illustriertenseiten Kreise unterschiedlicher Größe aus, fügen diese zu einem ungegenständlichen Bild zusammen.
Hierbei ist auf die Komposition des Bildes und auf die Farbzusammenstellung besonders zu achten.
**Hinweise:** Diese Arbeit eignet sich für ältere Kinder. Jüngere Kinder könnten mit ausgeschnittenen Kreisen Gegenstände gestalten, so zum Beispiel Luftballons. Die Luftballonschnur wird dann eingezeichnet.

**Bezug:** Formen erkennen, erfahren und gestalten.
**Aufgabe:** Gestalte ein Bild mit Kreisen in Kleisterpapiertechnik.
**Material:** Papier, Tapetenkleister, Wasserfarben, Pappe.
**Durchführung:** Der Kleister wird dick auf das Papier aufgetragen, dann Wasserfarbe darauf gegeben und mit dem Kleister vermischt.
Die Kinder setzen jetzt ein aus Pappe geschnittenes Quadrat mit der Schnittfläche auf das Papier auf und drehen es in dem Kleister-Farben-Gemisch.
Durch das Wegschieben dieses Gemisches wird eine Kreisform sichtbar.

**Bezug:** Formen erkennen, erfahren und gestalten.
**Aufgabe:** Zeichne unterschiedlich große Dreiecke und male sie mit verschiedenen Farben aus.
**Material:** Papier, Filzstifte.
**Durchführung:** Die Kinder zeichnen unterschiedlich große Dreiecke auf ihr Blatt und malen sie mit verschiedenen Farben aus.
**Achtung:** Um wirklich gerade Seiten und möglichst spitze Ecken zu erzielen, sollte hier beim Zeichnen ein Lineal benutzt werden.

**Bezug:** Formen erkennen, erfahren und gestalten.
**Aufgabe:** Male einen Baum aus Dreiecken.
**Material:** Papier, Wasserfarben.
**Durchführung:** Die Kinder malen einen Baum, der nur aus Dreiecken besteht.
Den Baum kann man auch ausschneiden und kleben lassen.

**Bezug:** Formen erkennen, erfahren und gestalten.
**Aufgabe:** Zeichne Phantasieformen und gestalte sie mit Strichen, Punkten usw.
**Material:** Papier, Filzstifte.
**Durchführung:** Die Kinder zeichnen Phantasieformen auf ihr Papier und gestalten sie mit Strichen, Punkten usw.

# Linie und Form verbinden und kreativ gestalten

**ZIELE**

- Linie und Form werden miteinander kombiniert
- Erfahrungen werden vertieft
- Soziales Verhalten erweitert sich
- Das Gefühl für Umweltsituationen wird erweitert
- Kreativität wird gefördert
- Kombinationsgabe wird angeregt
- Erkennen des Körpers wird sensibilisiert
- Bewegungsabläufe werden erkannt
- Bewegungskombinationen werden gefunden und eingesetzt
- Die Sprache wird geschult
- Das Vermögen, vor einer Gruppe, gleich welcher Art aktiv zu werden, wird erweitert

- Form und Linie werden als Einheit gesehen und sowohl kognitiv, als auch emotional eingesetzt.

## DIE ÜBUNGSSTRASSE

Circuit-Training, oder die von mir in der Musischen Stunde benannte: Übungsstraße, läßt sich gut mit Hilfe der rhythmischen Elemente von Linie und Form gestalten. Dabei wird zuerst der rhythmische Teil erarbeitet und dann die allgemeine Körperschulung eingesetzt.
Der Lehrende sollte auch hier wie vorher, zuerst mit von ihm vorgegebenen Linien- und Formelementen arbeiten und dann bei einer Wiederholung die Wünsche und Kreativität der Kinder mit einbeziehen.

**Achtung:** In der Arbeit mit behinderten Kindern wird er hier aber immer der Leitende sein müssen, um zu dem Ziel zu kommen, das er sich gesteckt hat. Doch sicher gibt es je nach Art der Gruppe auch Möglichkeiten der Kinderaktivitäten.

**Übungsstraße mit vorgegebenen Formen und Linien**

Durch den Raum wird in ca. 30 cm Höhe diagonal eine Zauberschnur gespannt. Sie teilt den Raum in zwei Dreiecke. Nahe einer Längswand werden nun möglichst viele Quadrate so in Abstände gelegt, daß die Kinder mit Hüpfern gut eines nach dem anderen erreichen können.
In dieser Raumhälfte liegt auch eine rechteckige Matte.
Nahe der anderen langen Raumwand ist das Tau ausgelegt.
Der übrige Raum wird mit auseinanderliegenden Reifen gefüllt.
Die Kinder führen an allen Angeboten gleichzeitig beginnend, im "Rundgang" ihre Übungen durch.

**Materialabfolge:**

Tau
Reifen
Zauberschnur
Matte
Quadrate

**Übungsmöglichkeiten**
**Tau:**

mit nackten Füßen darauf gehen vorwärts und rückwärts
ein Kind versucht, angefaßt von einem zweiten, mit geschlossenen Augen darauf zu gehen
mit geschlossenen Beinen im Zickzack vorwärts springen, auch rückwärts
große Schritte auf dem Tau machen.

**Matte:**

Purzelbaum
mit gestrecktem Körper darüberrollen
kurz und federnd hüpfen.

**Zauberschnur:**

durchkriechen, ohne die Zauberschnur zu berühren
dabei in der Bauchlage mit dem Kopf zuerst, mit den Füßen zuerst
in der Rückenlage mit dem Kopf zuerst, mit den Füßen zuerst
im Vierfüßlerkniestand mit starkem Windungseffekt.

**Quadrate:**

von Quadrat zu Quadrat gehen, laufen, hüpfen, springen
Quadrate mit verschiedenen Bewegungsformen umrunden
blind geführt werden und mit nackten Füßen Quadrat für Quadrat ertasten.

Es gibt für diese und andere einzusetzende Geräte noch viele weitere Möglichkeiten, die sich zum Beispiel auch aus vorangegangenen Sportstunden übernehmen lassen.

**Reifen:**
um die Reifen gehen, hüpfen, kriechen
im Storchengang sich von einem Reifen zum anderen bewegen
im Vierfüßlerstand sich durch alle Reifen bewegen
sich in jeden Reifen oder in nur bestimmte Reifen biegend hineinlegen, ruhig aufstehen und beim nächsten üben
von Reifen zu Reifen springen.

Die einzelnen Übungsangebote werden verbindlich abgesprochen und im Rundgang solange geübt, bis neue angeboten werden.

**Erweiterung:** Jedes Kind kann auf dem jeweiligen Gerät die Übung machen, die es aus dem Angebot am liebsten machte.
Einem späteren Zeitpunkt bleibt es vorbehalten, mit den Kindern zusammen deren Ideen zu verwirklichen.

**Anmerkung:** Es ist ratsam, sich solche Kinderideen zu notieren, um später, oder mit anderen Gruppen, diese in die Angebote mit einzubeziehen und um auch die Erfahrungen "was Kinder gerne machen" zu sammeln und zu vertiefen.

## GRUPPENÜBUNGEN
## FORM UND LINIE

Die Kinder werden in vier Gruppen geteilt. Sie vierteln den Raum mit Seilen und wählen sich je ein Viertel.
Aus den an einer Seite des Raumes ausgelegten Materialien wählen sie sich nach Absprache beliebig zwei Materialien.
Mit diesen legen sie frei einmal Form und einmal Linie und erproben dazu Bewegungsabläufe.

**Hinweis:** Es ist sinnvoll, eine Zeitspanne zu setzen, um innerhalb einer Unterrichts- oder Förderungseinheit noch genügend Zeit zu haben, daß die einzelnen Aktivitäten jeweils von den Kindergruppen vorgestellt werden.
Dieses Schauen, Sprechen und Erfahren gibt Anlaß zu weiteren Aktivitäten.

**Anmerkung:** Ein Zeitwecker, wie er in der Küche gebraucht wird, ist dazu sehr hilfreich. Er sollte so aufgestellt werden, daß alle Kinder ihn sehen können.

Jedes Kind sucht sich nun einen Partner und sie verteilen sich zu zweit aufgestellt im Raum.
Wiederum ist verschiedenes Material an einer Seite des Raumes ausgelegt.
Die Kinder besprechen sich, welches Material sie benutzen.
Durch stummes Winken fordert der Lehrende jeweils ein Paar auf, sich zwei Materialien zu holen.

**Anmerkung:** Es kann durchaus vorkommen, daß verschiedene Materialien nicht für alle Kinder greifbar/vorhanden sind. Da sollten sie sich schnell besprechen, um anderes zu benutzen. Dies ist eine gute Übung für variables Verhalten und regt kreatives Denken an, denn die Kinder müssen nun umdenken und sich anderes Material aussuchen.

Beide Kinder bauen nun eine Fläche und Linie und erfahren sie durch Bewegung.
Zu dieser Übung sollte wiederum die Zeituhr eingesetzt werden.
Dann stellen sich alle Kinder am Rand des Geschehens auf. "Wer möchte uns seine Form und Linie zeigen und die Bewegung dazu?"

Durch diese Motivation wird die Entscheidungsfähigkeit in der Partnerschaft angeregt. Zu zweit fällt es Kindern oft leichter als allein, vor einer Gruppe zu agieren. Sie ist ein Weg, um Kindern zu helfen, sich im Schulbereich zu melden, allein zu sprechen und zu agieren.

Alle Kinder stehen verteilt im Raum. Auf Signal gehen die Kinder langsam nacheinander hin und holen sich zwei Materialien, mit denen sie Form und Linie gestalten und eine Bewegungsform erproben.
Nach einer gewissen Zeit wird verfahren wie oben.

**Erweiterung:** Sind alle Kinder mit ihrer Aktivität fertig, so stellen sie sich in einer Reihe auf. Nach Absprache zeigt zum Beispiel jedes vierte oder sechste Kind seine Aktivität. Eine sozialbildende Übung, die zusätzlich, wenn auf ein sehr zurückhaltendes Kind die Nummer fällt, dieses auch auffordert, im Gruppenbereich tätig zu werden und sich nicht, wie vielleicht des öfteren, bei ähnlichen Aktivitäten zurückzuziehen.

Alles vorhandene Material wird in vier Teile geteilt (das Rhythmikmaterial in vier Farbgruppen teilen).
Die Kinder stehen in einer Linie nebeneinander. Vier Kinder stehen in Abstand vor der Kinderlinie und wählen sich jeweils nacheinander ein Kind aus.
Der Raum wird nun imaginär in vier Teile geteilt. Entweder der Lehrende oder ein Kind schreitet die Viertelung ab. Danach zeigen die Kinder der jeweiligen Gruppe ihre Fläche im Raum an.

Sie wählen ihre Farbgruppe und holen sich ruhig und gelassen das für sie bestimmte Material.
Nun bauen sie gemeinsam mit dem ganzen Material flächig.
Dazu benötigen sie genügend Zeit. Ein Erfahrungswert ist ca. 15 bis 25 Minuten, je nach Thema.

Die Aufgabe des Lehrenden besteht nun vor allen Dingen in der Beobachtung der Kinder. Er sollte nur eingreifen, wenn ein Kind in der Gruppe abseits steht, wenn es nicht zu gemeinsamen Bauen auf Dauer kommt, oder wenn dreidimensional, das heißt in die Höhe, gebaut wird (dies ist einem weiteren Thema vorbehalten).
Wiederum stellen am Ende der Aktivität die Gruppen einander ihr Gebautes vor.

**Erweiterung:** Es wird jeweils das gleiche Thema gebaut. Es wird jeweils ein Teilthema gebaut und dies nach Absprache, damit ein gemeinsames Thema erhalten bleibt (zum Beispiel Szenen aus einem Vers oder einer Geschichte oder Bauten einer Stadt).

Es wird frei abstrakt gebaut.

Es wird vom Mittelpunkt aus begonnen.

Es wird aus einer Ecke heraus begonnen.

Zuerst wird eine Diagonale gelegt und dann gleichseitig angelegt (spiegelbildlich).

**Achtung:** Das freie Bauen muß aber dem thematischen Bauen vorangehen. Die Erfahrung hat gezeigt, daß Kindergruppen erst nach mehrmaligem, freien Bauen fähig sind zu kooperativen, gemeinsamen Themen.

Der letzte Schritt wäre die gemeinsame Arbeit mit der ganzen Gruppe.

**Anmerkung:** Bei mehr als zwölf Kindern ist dies sehr schwierig und gelingt selten.

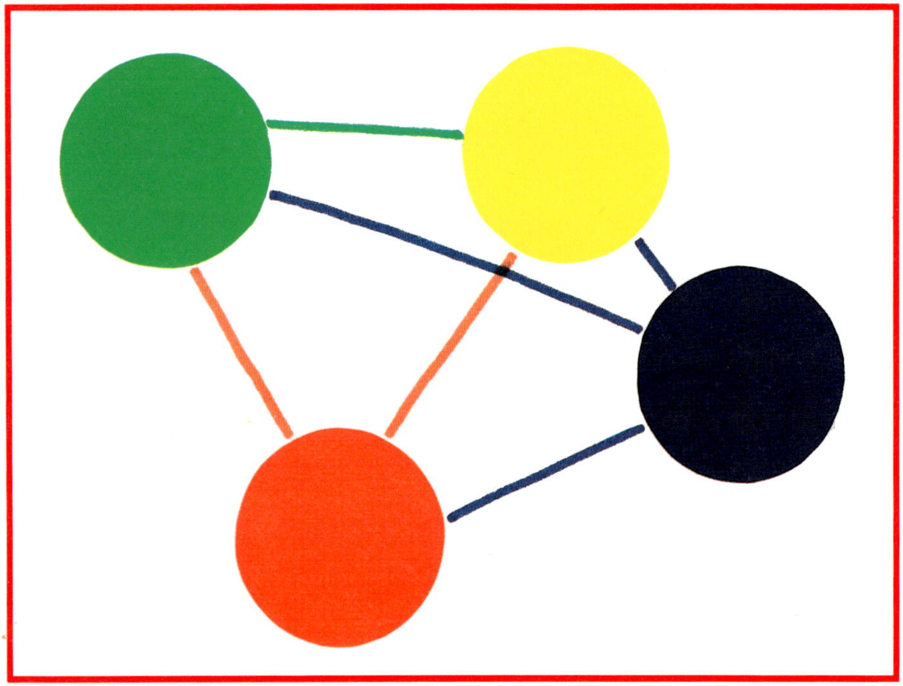

**Bezug:** Linie und Form verbinden und kreativ gestalten.
**Aufgabe:** Verbinde aufgeklebte Kreise durch Linien so, daß jeder Kreis mit jedem anderen verbunden ist.
**Material:** Papier, Buntpapier, Filzstifte.
**Durchführung:** Die Kinder schneiden mit einer Schablone gezeichnete Kreise aus Buntpapier aus. Die Kreise werden aufgeklebt und durch Linien so miteinander verbunden, daß jeder Kreis mit jedem anderen Kreis eine Verbindung hat.

**Bezug:** Linie und Form verbinden und kreativ gestalten.
**Aufgabe:** Gestalte Flächen mit erarbeiteten Linien und Phantasielinien.
**Material:** Papier, Filzstifte.
**Durchführung:** Mit Hilfe von Lineal und Bleistift teilen die Kinder ihr Blatt in Dreiecke auf.
Dann wird jedes Dreieck mit einer anderen Linie gestaltet. Diese Linien sollen sich nicht wiederholen
**Hinweise:** Jüngere Kinder können jedoch die Linien auch wiederholen.

**Bezug:** Linie und Form verbinden und kreativ gestalten.
**Aufgabe:** Gestalte Flächen mit erarbeiteten Linien und Phantasielinien.
**Material:** Papier, Filzstifte.
**Durchführung:** Mit Hilfe von Zirkel oder anderen Kreisformen (Gläser usw.) werden sich überschneidende Kreise aufgezeichnet. Dabei entstehen einzelne Kreissegmente. Jedes dieser Segmente gestalten die Kinder mit einer anderen Linie. Hier werden die Linien auch wiederholt.
**Hinweise:** Diese Darstellung eignet sich besonders für ältere Kinder. Jüngere Kinder gestalten nebeneinander gezeichnete Kreise mit Linien.

**Bezug:** Linie und Form verbinden und kreativ gestalten.
**Aufgabe:** Male eine Phantasieblume aus Formen und Linien, die du kennengelernt hast.
**Material:** Papier, Filzstifte.
**Durchführung:** Aus den erarbeiteten Formen und Linien malen die Kinder eine Phantasieblume. Dabei empfiehlt es sich, von einer kleinen Form von der Mitte auszugehen. So ist es einfacher, die Formen und Linien gleichmäßig anzuordnen.

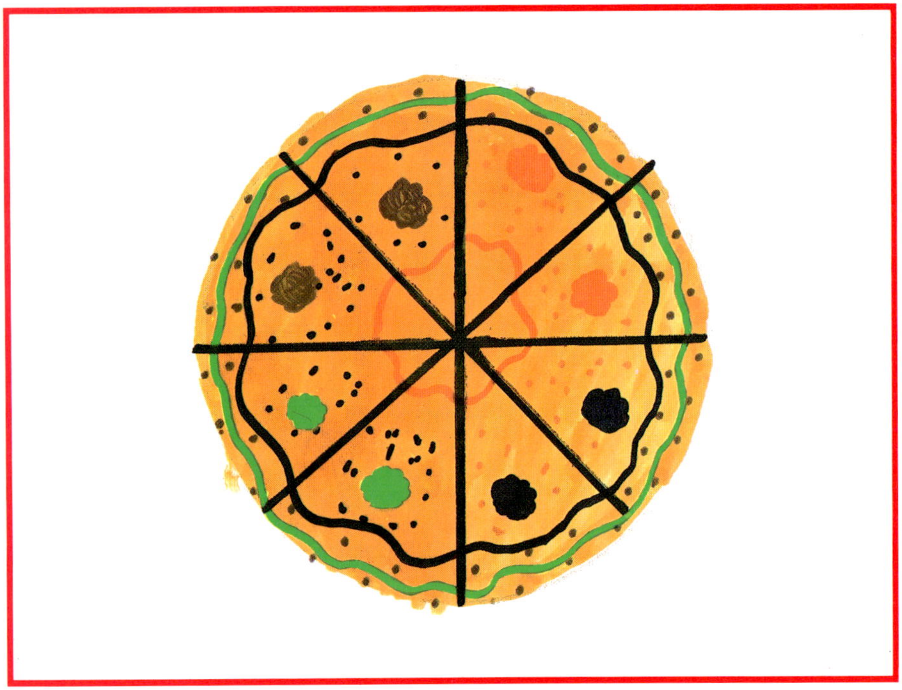

**Bezug:** Linie und Form verbinden und kreativ gestalten.

**Aufgabe:** Eine Torte wird geteilt.
**Material:** Papier, Filzstifte.
**Durchführung:** Die Kinder malen eine Torte von oben gesehen (Kreisform). Diese wird dann durch Linien in einzelne Stücke geteilt.

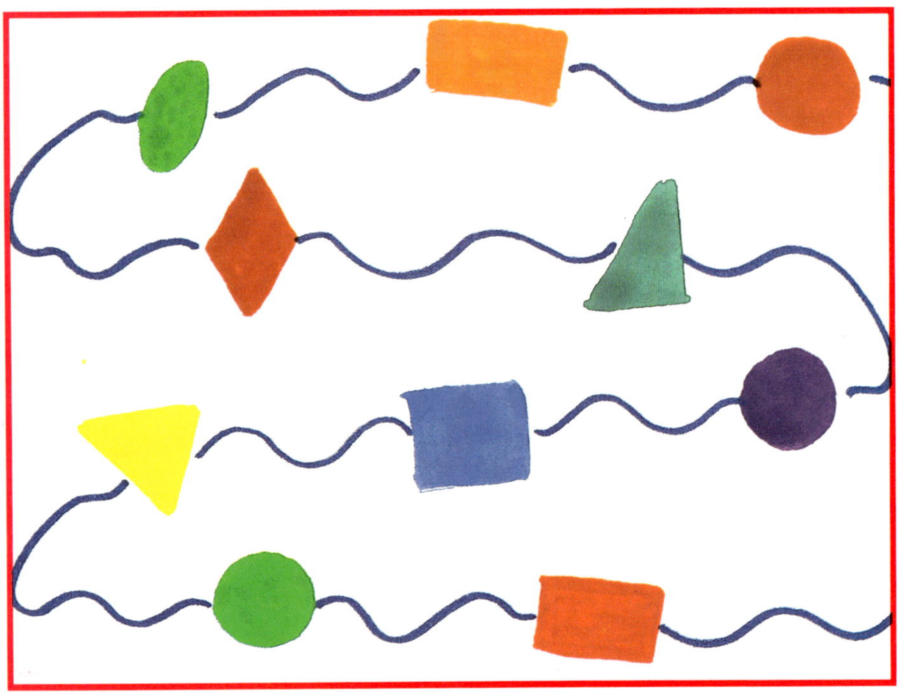

**Bezug:** Linie und Form verbinden und kreativ gestalten.
**Aufgabe:** Eine Schlangen- oder Wellenlinie wird durch verschiedene Formen unterbrochen.
**Material:** Papier, Filzstifte, Wasserfarben.
**Durchführung:** Die Kinder beginnen mit Filzstift eine Schlangenlinie oder Wellenlinie zu zeichnen, diese wird nach einem kurzen Stück durch eine mit Wasserfarbe gemalte Form unterbrochen, weitergeführt, unterbrochen usw. bis das Blatt ausgefüllt ist.
Die Formen werden, ohne vorzuzeichnen, gleich mit dem Pinsel aufgemalt.
**Erweiterung:** Aus einem Faden und aus Formen, aus Pappe geschnitten und bemalt, läßt sich so eine Kette oder Girlande basteln.

**Bezug:** Linie und Form verbinden und kreativ gestalten.
**Aufgabe:** Male eine Mauer.
**Material:** Papier, Wasserfarben.
**Durchführung:** Die Kinder malen eine Mauer. Vorher wird besprochen, daß hierbei die Mauersteine die Form darstellen, und die Verbindungsmasse zwischen den Steinen die Linien.

**Bezug:** Linie und Form verbinden und kreativ gestalten.
**Aufgabe:** Male Häuser aus erarbeiteten Linien und Formen.
**Material:** Papier, Filzstifte.
**Durchführung:** Die Kinder malen Häuser mit Hilfe der kennengelernten Formen und Linien.
**Hinweise:** Das Thema "Häuser" eignet sich besonders für diese Aufgabe, da die Kinder an den Häusern, die sie täglich sehen, die Formen und Linien gut wiedererkennen können.

**Bezug:** Linie und Form verbinden und kreativ gestalten.
**Aufgabe:** Male ein Phantasietier aus erarbeiteten Linien und Formen.
**Material:** Papier, Filzstifte.
**Durchführung:** Mit Hilfe der erarbeiteten Formen und Linien malen die Kinder ein Phantasietier.

# Dreidimensionale Formen

**ZIELE**

- Erfahrungen im dreidimensonalen Raum machen
- Körper und deren Umfeld einschätzen lernen
- mit Höhe, Breite, Tiefe umgehen lernen
- was ist davor, daneben, dahinter?
- Abstände erfassen
- sich selbst im Raum dreidimensional erleben
- Sensibilisierung des Ich
- Mengen und Gruppen im Raum erleben

- durch diese Erfahrungen offen werden für die Umwelt.

## HÖHEN WERDEN ERFAHREN

In der Mitte des Raumes steht eine Langbank mit der breiten Seite nach oben.

Die Kinder sitzen an einer Wandseite. Jedes Kind geht einzeln über die Bank.

Jeweils ein Kind geht auf der Bank, eines daneben. Sie fassen sich an der Hand an. Dabei sieht und spürt das unten gehende Kind, wieviel sein Partner größer ist, wenn er auf der Bank geht.

**Erweiterung:** Sämtliche Gangarten üben und dabei möglichst angepaßt an den Partner sich bewegen.

Alle Einrichtungsgegenstände des Raumes, auf die man steigen kann, werden verteilt wie:
Langbank
Kästen
Böcke
Sprungtrampolin
Hocker
Stühle
eventuell Tische

Die Kinder gehen zu zweit an je einen Gegenstand. Ein Kind steigt hoch. Das andere mißt, wie weit hin an seine Körperhöhe es steht (es wurde um die Höhe des Einrichtungsstückes größer). Dann wird gewechselt.

Die Kinder stellen sich in einer Linie nach der Größe auf, fassen sich dann an den Händen und zwar so, daß sie jeweils nach zwei Richtungen sehen (wurde schon beschrieben) und gehen als Schlange, singend oder zu Musik durch den Raum. Dabei erfahren sie sich als Gruppe, deren Höhe immmer kleiner wird.
Durch Besprechen deutlicher machen!

Jedes Kind sucht sich einen unterschiedlich großen Partner, mit dem es durch den Raum geht. Auf Signal ist Partnerwechsel. Dabei soll aber immer die unterschiedliche Größe erhalten bleiben.

Wiederum können hier viele Gang-, Spring- und Laufmöglichkeiten eingesetzt werden.

Außerdem gibt es viele Partnerspiele, die Kinder durchaus als unterschiedlich großes Paar durchführen können.

**Beispiel:** Der Sandmann ist da.
Die Kinder suchen sich jeweils einen unterschiedlich großen Partner und stellen sich in einer Gasse so auf, daß sie ihrem Partner in ungefähr einem Meter Abstand gegenüberstehen. Beginnt das Lied, faßt sich das erste Paar

bei seitwärts gestreckten Armen zugewendet an den Händen und hüpft im Galoppschritt durch die Gasse. Am Ende der Gasse stellt sich das Paar wieder auf und das nächst Paar beginnt. Dazu wird gesungen und wer steht, der klatscht.

**Anmerkung:** Um flüssig springen zu können, müssen sich die Partner angleichen.

**Erklärung:** Der Ursprung dieses Kinderliedes ist die Zeit, als durch die Städte noch der Sandmann mit einem Wagen voll feinsten Sandes zog und diesen eimerweise an Hausfrauen verkaufte, die ihre Herde und Messer damit putzten. Oft bekamen die Kinder auch ein wenig ab. Deshalb die Freude über sein Kommen, die sich im Springen durch die Gasse ausdrückt.

Alle Kinder stehen in Abständen im Kreis.
In der Mitte liegen Holzkugeln und Trägerstäbe aus der Rhythmik.
Jedes Kind holt sich einen Stab und eine Kugel, stellt den Stab zu seinen Füßen auf und legt die Kugel darauf.
Bei Signal wird der Stab mit der Kugel darauf hochgehoben und durch den Raum getragen.
Dabei soll so vorsichtig gegangen werden, daß die Kugel nicht herunterfällt.

Bei Signal kommen alle Kinder wieder auf ihren Platz zurück.

Oder:
- je zwei Kinder stellen ihre Kugelstäbe nebeneinander
- vier Kinder agieren so
- alle Kinder stellen die Kugelstäbe dicht zusammen
- sie stellen sie in einer Reihe auf
- sie stellen Formen, wie Kreis, Quadrat, Dreieck, Schlangen, Bogen beliebig
- auch nach Kugelfarben sortiert.

Nach jeder Aktivität gehen die Kinder an den Rand des Raumes, gehen dann außen herum, um ihre Kugelstabaufstellung von allen Seiten zu betrachten und danach darüber zu sprechen.

Dann legen sie sich auf den Bauch und betrachten ihre Kugelstabaufstellung von der Bodenfläche aus. "Was siehst du?" Bei der Antwort sollten die Kinder ihrer Phantasie breiten Lauf lassen.

Es werden vier Kindergruppen gebildet, die sich je alle Kugeln einer Farbe und die dazugehörigen Stäbe holen. Sie bauen frei zusammen Stabkugelgebilde.

Wieder, wie früher schon beschrieben, die Zeit setzen und nach Fertigstellung die Gebilde gemeinsam betrachten und darüber sprechen.

Es werden Gruppenaufgaben gegeben:
Zwei Gruppen bauen zusammen.
Alle bauen zusammen.

Alle Kinder stehen verteilt im Raum und haben die Stäbe mit den Kugeln darauf vor sich hingestellt.
Auf Signal gehen sie durch den Raum, sollen aber die Kugelstäbe, die hier Raumhindernisse bilden, nicht umwerfen.
Auf Signal geht jedes Kind auf seinen Platz zurück.

Weitere Übungen mit Raumhindernissen:
Keulen stehen verteilt im Raum.

Kriechen die Kinder durch, sind sie etwa auf gleicher Höhe wie die Keulen, bewegen sie sich in aufrechter, in beliebiger Gangart, so sind sie wesentlich höher, also ragen sie weiter in den Raum hinein als die Keulen, die niedriger (bewußt machen!) sind.

Verschieden hohe Gegenstände werden im Raum verteilt.
Die Kinder stehen an der Wand.
Bei Signal umrunden sie nacheinander je einen Gegenstand und sollen sein Höhenende mit ihrer Kopfhöhe gleichschalten.

**Anmerkung:** Diese Übung schult ausgezeichnet Körpergefühl und Wahrnehmung.

Außerdem üben sich die Kinder in Konzentration und Rückerinnerungsvermögen, denn es ist nicht leicht, sich zu merken, welche Gegenstände man schon umrundet und ob man schon alle umkreist hat.
Bitte bei dieser Übung mit **wenigen** Gegenständen beginnen.

Gymnastik- und Rhythmikmaterial ist greifbar.
Die Aufgabe ist: "Was kann man aufeinandersetzen und wie hoch, ohne daß es umfällt?"

Zuerst sollte jedes Kind sich beliebig allein erproben können, dann mit dem Partner und später in einer Vierergruppe (mehr Kinder zusammen ist zu unruhig und bringt kaum optimale Lösungen).

Was man alles aufeinandersetzen kann, kommt auf das vorhandene Material an.

Hier einige Beispiele:
- Rohrrasseln
- Stäbe, die für Kugeln gedacht sind
- Kurzstäbe mit glatter Aufsatzfläche
- lange und kurze Stäbe waagrecht, Drei- oder Vierecke bildend aufeinander gelegt
- Medizinbälle
- zwei Kästen
- Bausteine, wie Ziegel rund gesetzt
- (mit kleinen Abständen können bis
- zu zwei Meter hohe Türme gebaut
- werden, zuletzt mit Hilfe einer Leiter
- oder Stühlen).

Kindergruppen verbauen verschiedenes Material in die Höhe.
Entweder bekommen alle Gruppen die gleichen Materialanteile oder die Kinder bestimmen selbst, welches Material sie haben wollen.

Es wird mit Thema oder frei gebaut.

## AUCH MENSCHEN KÖNNEN SICH AUFEINANDERBAUEN

**Beispiele:** Ein Kind geht in den Vierfüßlerkniestand und das andere setzt sich auf seinen Rücken.

Der Lehrende trägt ein Kind auf seinen Schultern.

Der Lehrende liegt in der Rückenlage. Er hockt die Beine an und zieht die Füße zu sich, um so eine Auflagefläche zu bekommen.
Ein Kind legt sich mit dem Bauch auf seine Füße und faßt bei gestreckten Armen die Hände des Erwachsenen an, der ebenfalls die Arme gestreckt hat. Das Kind macht sich ganz steif und streckt die Beine aus, während der Erwachsene langsam die Beine hochhebt und das Kind somit schräg über sich hebt.

Der Erwachsene geht in den Vierfüßlerkniestand. Ein oder zwei Kinder dürfen sich auf seinen Rücken stellen (möglichst in Gesäßnähe und mit Hilfe) oder ein Kind stellt sich auf das Gesäß und ein anderes setzt sich auf die Taille.
Drei Menschen in verschiedener Höhe bewußt machen.

## SICH SELBST DREIDIMENSIONAL ERFAHREN

Bisher haben sich die Kinder vor allem in ihrer Höhe (=Größe) erfahren. Die nächsten Übungen dienen vor allem dazu, daß sie sich ihrer körperlichen Ganzheit bewußt werden.

Um die Ganzheit des eigenen Körpers erspüren zu können, ist es wichtig, zuerst einmal durch Betasten und Beschauen von einfachen Gegenständen deren Ganzheit und Form zu erfahren.

Die Kinder sitzen verteilt im Raum. Sie haben einen kleinen und einen großen Ball vor sich liegen, eine Keule und ein Seil.
Gemeinsam nehmen sie einen Gegenstand nach dem anderen, beginnend in der angegebenen Reihenfolge, in beide Hände und begreifen ihn (abtasten, seine Lage in den Händen verändern, fest zugreifen und zart umfahren).
Es wird darüber gesprochen.

Die Kinder stehen verteilt im Raum. Jedes hat eine Keule vor sich stehen.
"Stellt eine Keule hinter euch, links oder rechts neben euch, vor euch!"
"Stellt euch vor, daneben, hinter die Keule!"
"Hebt die Keule über euch!"

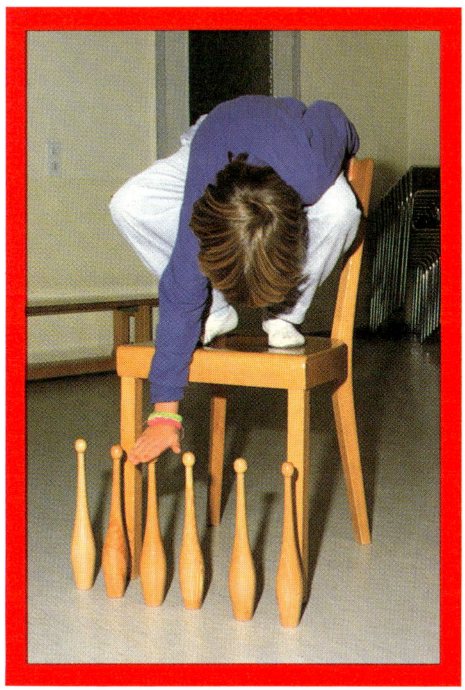

"Was könnt ihr tun, damit die Keule unter euch ist?" Es werden zwei Lösungen angestrebt, erstens sich auf die Keule zu legen und zweitens einen Gegenstand im Raum (zum Beispiel) die Langbank oder einen Stuhl) zu benutzen um über der Keule zu sein.

Davor, dahinter und zweimal daneben läßt sich gut paarweise erarbeiten.

Die Kinder stehen verteilt im Raum. Jedes hat einen Ball, eine Keule und ein Seil neben sich liegen. Nun wird zusätzlich "dazwischen" erarbeitet.
"Legt den Ball zwischen Keule und Seil!"
"Laßt jeden Gegenstand einmal zwischen dem anderen liegen!"

Gleiche Ausgangsstellung. Ein Kind nach dem anderen sagt an, welcher Gegenstand wo liegen soll.

**Beispiel:** "Wir legen den Ball zwischen Seil und Keule."

**Erweiterung:** Die Übung wird um davor, dahinter, daneben ergänzt.

Je drei Kinder stehen zusammen.
Sie erproben selbständig davor, dahinter, daneben, dazwischen.
Drei Gruppen üben jeweils bei Signal. (Gruppenbestimmung eins, zwei, drei).

Die Kinder stellen sich zu Paaren verteilt im Raum zusammen. Je ein Kind führt seinen Partner, der die Augen geschlossen hält, durch den Raum.

Wieder üben die Kinder paarweise.
Ein Kind liegt in Rückenlage auf dem Boden und hat Arme und Beine gestreckt gestreckt.
Es hat die Augen geschlossen.
Mit einem Klangstab umfährt das andere Kind das liegende so, daß der **langsam geführte Stab** leicht am Körper entlangstreicht. Das liegende Kind sagt dem anderen leise, wo sich der Stab befindet.
Wechsel.

**Anmerkung:** Gelegentlich ist es nötig, daß der Lehrende entweder als der Liegende oder als der Stabführende diese Übungen den Kindern vormacht (Behindertenbereich).

Zwei Kinder stehen sich zugewandt.
Ein Kind hat die Augen geschlossen, das andere umfährt seine Umrisse.

Gleiche Ausgangsstellung.
Ein Kind steht mit geöffneten Augen, das andere tastet es bei geschlossenen Augen ab.

Gleiche Ausgangsstellung.
Das stehende Kind hat die Augen geschlossen. Das andere Kind fährt leicht an den Händen beginnend über Arme und Schultern zum Rücken hin und diesen so weit wie möglich hinab.

Die Kinder stehen hintereinander.
Das davorstehende Kind hat die Augen geschlossen.
Das andere fährt leicht an den Kleinfingern beginnend außen an den Armen hoch, über die Schultern zur Taille, dann seitwärts nach außen und über die Beine rückwärts bis zu den Fersen.

**Achtung:** Beide Übungen, die den rückwärtigen Teil des Menschen sensibilisieren, sind besonders wichtig, weil das Gefühl im rückwärtigen Teil oft lange nicht so ausgebildet ist wie vorne. Dazu gehört auch der Gedanke "Gefühl zu bekommen, was hinter mir ist."

Die Kinder stehen verteilt im Raum.
Sie tasten sich bei geschlossenen Augen ab.
Sie knien dazu,
sie sitzen dazu,
sie liegen in Bauch- oder Rückenlage.

Die Kinder sitzen verteilt im Raum. Sie haben ein faustgroßes Stück Plastilin (Knete) vor sich liegen und kneten es weich.
Sie legen es hin und begeben sich in einen sehr bequemen Sitz. Jedes Kind kann so sitzen, wie es möchte.
Nun legen sie das Stück Plastilin erreichbar vor sich hin.
Sie schließen die Augen und stellen sich ihre Sitzhaltung vor.
Dann greifen sie das Plastilin und kneten bei geschlossenen Augen sich selbst.
Nach Fertigstellung setzen sie ihr Selbst vor sich hin und öffnen die Augen.
Alle versuchen in der bequemen Sitzhaltung solange auszuharren, bis auch das letzte Kind fertig ist.
Dann schauen sie sich um.

**Anmerkung:** Diese Übung habe ich nicht nur mit Kindern, sondern in meinen Lehrgängen mit Erwachsenen durchgeführt.

Sowohl bei Kindern als auch bei Erwachsenen wird verblüffend richtig nach guter Vorbereitung Sitzhaltung und Körperproportion getroffen.
Durch die Stille und die unhörbare Tätigkeit im Raum legt sich über die Gruppe eine Ruhe, die bisher bei Kindern hinterher noch nie Überreaktionen wie Geschrei oder starken Bewegungsdrang hervorgerufen hat. Im Gegenteil, sie waren danach ruhig und ausgeglichen.
Oft verlangten sie an einem anderen Tage eine Wiederholung.

**Erweiterung:** Nimmt man statt Plastilin Ton, Plastika oder ein ähnlich härtendes Material, so entsteht eine beständige Figur.
Durch Wiederholung dieser Aktivität kann man bei behinderten Kindern über diese beständigen Figuren Fortschritte im Körpergefühl feststellen. Dabei sei aber vor zu viel Erwartungen gewarnt, denn die Übung ist nur ein kleines Mosaiksteinchen in dieser Arbeit.

**Bezug:** Dreidimensionale Formen.
**Aufgabe:** Schneide unterschiedlich große Rechtecke aus und klebe sie, der Größe nach geordnet, auf.
**Material:** Papier, Seiten aus Illustrierten usw.
**Durchführung:** Die Kinder schneiden in ihren langen Seiten unterschiedlich lange Rechtecke aus.
Beginnend mit dem größten Rechteck, kleben sie diese in einer Reihe auf das Papier.
Unterschiedliche Höhen können so verdeutlicht werden.
**Hinweise:** Zum Aufzeichnen der Rechtecke können Pappschablonen benutzt werden.

**Bezug:** Dreidimensionale Formen.
**Aufgabe:** Schneide unterschiedlich große Rechtecke aus, bemale sie, klebe sie so auf, daß das größte Rechteck in der Mitte steht, und die Rechtecke zu beiden Seiten hin gleichmäßig kleiner werden.
**Material:** Papier, dünne Pappe, Wasserfarbe.
**Durchführung:** Die Kinder schneiden aus der Pappe in ihren langen Seiten unterschiedlich lange Rechtecke aus. Außer dem größten Rechteck müssen alle kleineren Rechtecke zweimal ausgeschnitten werden. Die Rechtecke werden nun angemalt und der Aufgabe entsprechend aufgeklebt.
**Hinweise:** Zum Aufzeichnen der Rechtecke können Pappschablonen benutzt werden.

**Bezug:** Dreidimensionale Formen.
**Aufgabe:** Male ein Bild: Etwas sehr Großes steht neben etwas sehr Kleinem.
**Material:** Papier, Filzstifte.
**Durchführung:** Die Kinder malen ein Bild, auf dem etwas sehr Großes neben etwas sehr Kleinem zu sehen ist. Diese Darstellungen sollten aus dem Erlebnisbereich der Kinder stammen.

**Bezug:** Dreidimensionale Formen.
**Aufgabe:** Male ein Bild, auf dem drei Personen zu sehen sind. Du selbst stehst in der Mitte. Rechts neben dir steht eine größere, links neben dir eine kleinere Person.
**Material:** Papier, Filzstifte.
**Durchführung:** Die Kinder malen sich selbst in die Mitte des Blattes. Dabei ist darauf zu achten, daß die Eigendarstellung weder zu klein noch zu groß gerät. Dann kann wahlweise zuerst die kleinere oder die größere Person gemalt werden.

**Bezug:** Dreidimensionale Formen.
**Aufgabe:** Male ein Bild: Aus etwas Kleinem wird etwas Großes.
**Material:** Papier, Wasserfarbe und Filzstifte.
**Durchführung:** Aus ihrer Erlebniswelt malen die Kinder etwas Kleines aus dem etwas Großes wird. Dabei werden die einzelnen Phasen des Größerwerdens dargestellt.

**Bezug:** Dreidimensionale Formen.
**Aufgabe:** Male die Kugelstäbe mit den Kugeln in den Farben, die du benutzt hast.
**Material:** Papier, Filzstifte.
**Durchführung:** Die Kinder malen aus freier Hand die Kugelstäbe mit den Kugeln, in den Farben, die sie benutzt haben, auf das Papier.

**Bezug:** Dreidimensionale Formen.
**Aufgabe:** Stelle die Kugelstäbe und die Kugeln in verschiedenen Techniken dar.
**Material:** Papier, Wasserfarben, Filzstifte, Wachsmalstifte, Buntpapier.
**Durchführung:** Die Kinder stellen die Kugelstäbe in unterschiedlichen Techniken dar, z. B. aufgeklebt mit Buntpapier, gemalt mit Wachsmalstiften, gemalt mit Wasserfarben usw.

**Bezug:** Dreidimensionale Formen.
**Aufgabe:** Schneide Kugelstäbe und ihre Kugeln aus Transparentpapier aus und klebe sie so auf das Papier, daß die Kugeln teilweise übereinander zu sehen sind.
**Material:** Papier, Transparentpapier.
**Durchführung:** Aus Transparentpapier schneiden die Kinder die Kugelstäbe und die dazugehörigen Kugeln aus. Diese werden nun so aufgeklebt, daß sie sich teilweise überschneiden. Mit Hilfe des Materials Transparentpapier kann so eine Räumlichkeit verdeutlicht werden.
**Hinweise:** Ältere Kinder können die Formen aus freier Hand schneiden, ansonsten benutzt man Schablonen.

**Bezug:** Dreidimensionale Formen.
**Aufgabe:** Ein Dreieck steht unter einem Quadrat, ein Kreis steht links neben dem Dreieck.
**Material:** Papier, Buntpapier.
**Durchführung:** Zunächst schneiden die Kinder mit Hilfe von Schablonen ein Dreieck, ein Quadrat und einen Kreis aus dem Buntpapier aus.
Gemäß der Aufgabe kleben die Kinder diese Formen auf.
**Hinweise:** Je älter die Kinder, desto komplizierter kann die Aufgabe gestellt werden. Es können dann auch noch zusätzliche Formen verwendet werden.

# Takte, Rhythmen und Tempi

**ZIELE**

- Gehörtes in Bewegung umsetzen und so über den Körper anschaulich machen
- Sich in ein immer wiederkehrendes Maß einlassen und einfügen
- Dabei konzentriert bleiben und die Bewegung immer mehr in Gleichklang bringen
- Zu Gehörtem eigene, wiederkehrende Bewegungen einsetzen
- Gehörtes im Rahmen der Gruppe in Bewegung umsetzen und sich so in sozialem Verhalten üben

- Zu angebotener Musik die dafür angepaßte, wiederkehrende Bewegungsform finden und abwandeln

- Takte und Rhythmen in verschiedenen Tempi erfahren und in Bewegung umsetzen

- Takte und Rhythmen mit Material veranschaulichen.

**TAKTE**

Die Kinder stehen verteilt im Raum. Ein Zweivierteltakt wird auf einer Hand- oder Schellentrommel geschlagen.
Die Eins ist laut, die Zwei ist leiser.
Wer sich in den Takt hineingehört hat, der beginnt zu gehen.
Hört die Schellentrommel auf, so findet sich jedes Kind wieder auf seinem Platz ein.

**Erweiterung durch Tempo:** Der Zweivierteltakt wird einmal langsam , ein anders Mal schneller geschlagen.
Es wird mit einem langsamen Zweivierteltakt begonnen, der sich bis zu schnell steigert und wieder zu langsam zurückkommt.
**Anmerkung:** Damit die Steigerung und Zurücknahme des Tempos übergangslos wird, ist es ratsam, dies etwas zu üben.

Die Kinder klatschen zum Gehen laut und leise.

Die Kinder haben Klangstäbe in der Hand und begleiten sich dazu.

Die Kinder sind in zwei Gruppen geteilt, die als Linien an gegenüberliegenden Wänden stehen. Vier Takte lang geht die eine Gruppe auf die andere zu, vier Takte lang ist die andere aktiv. Das geht solange, bis entweder sich beide Linien in der Mitte getroffen haben oder die Liniengruppen durcheinander hindurchgehen, um zur anderen Seite zu gelangen.

Zuerst stehen die Kinder in einer Linie und zählen zu zweien ab.
Dann verteilen sie sich gemischt im Raum.

Alle Kinder haben Klangstäbe zur Begleitung.
Vier Takte lang gehen die Kinder der Gruppe eins, dann bleiben sie stehen und vier Takte lang gehen die Kinder der Gruppe zwei.
Es ist ratsam, dazu in der ersten Zeit immer mit der Schellentrommel zu begleiten. Später kann man mitten drin mit der Schellentrommelbegleitung aufhören und die Kinder weiter allein gehen lassen. Sie müssen erst die flüssige Aktion lernen.

**Erweiterung:** Mit der Schellentrommel wird die Wechselübung auch tempoverändernd geführt.

"Welches Lied kennt Ihr, was diesen Takt haben könnte?"
Antworten werden erprobt.

"Wie kann man mit Material eine Zweivierteltaktreihe legen, daß sie mit ihrem laut, leise verdeutlicht wird?"
Möglichkeiten:
eins - Rohrrassel, zwei - Klangstab
eins - Quadrat, zwei - Stab
eins - Keule, zwei - kleiner Ball.
Also: Für die Betonung im Takt immer kompakteres Material verwenden.

Wie oben beschrieben, können alle Taktarten vermittelt und eingesetzt werden. Allerdings ist bei einigen Takten nicht nur der Anfang betont.

Dreivierteltakt:
eins-laut, zwei-leise, drei-leise.
Viervierteltakt:
eins-laut, zwei-leise, drei-mittel, vier-leise.
Sechsachteltakt:
eins-laut, zwei-leise, drei-leise, vier-mittel, fünf-leise, sechs-leise.
Fünfachteltakt:
eins-laut, zwei-leise, drei-mittel, vier-leise, fünf-leise.
Für laut, mittel, leise wird auch betont, wenig betont und mittel betont gesprochen und geschrieben.

**RHYTHMEN**

Innerhalb der Takte stehen die Rhythmen.
Beispiel dafür soll der Cha,cha,cha-Rhythmus sein.
Viervierteltakt
"eins zwei cha cha cha"
1 2 3 4

Wichtig ist, daß die Achtelpause am Ende des Taktes nicht verschluckt wird.
Um sie Kindern zu verdeutlichen, können sie dazu mit der Zunge schnalzen.
Sie sprechen: Eins, zwei, cha, cha, cha, Zungenschlag.

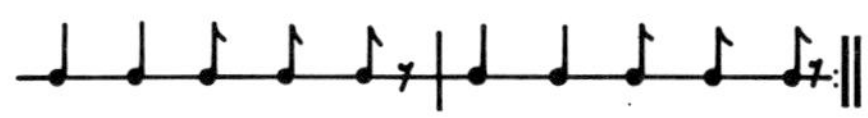

Die Einführung in diesen und in andere Rhythmen kann ebenso erfolgen, wie bei Takten beschrieben.

Um den Rhythmus eines Liedes zu verdeutlichen und um dies zu vertiefen, kann man ihn legen.

**Beispiel:** Liebe, liebe Sonne.
Die Kinder stehen an einer Längsseite des Raumes. Sie haben kurze und lange Rhythmikstäbe in der Hand.
Es wurde vorher besprochen, daß für die langen Töne die langen und für die kurzen Töne die kurzen Stäbe verwendet werden.
Das Lied ist bekannt, oder wurde vorher gelernt.

Das Lied steht im Viervierteltakt. Die einzelnen Takte werden später durch Seile markiert.

Nun wird das Lied ganz langsam gesungen. Ein Kind nach dem anderen legt entweder seinen kurzen oder seinen langen Stab für je einen Ton hin. Ist die Reihe durch, wird wieder mit dem ersten Kind begonnen.

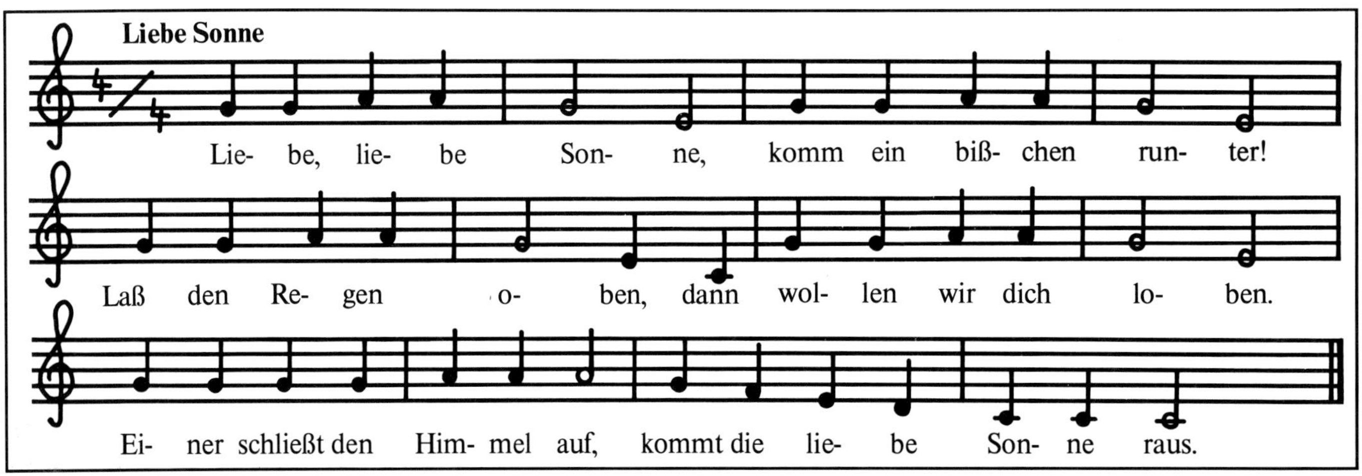

Die Stäbe sollen so weit auseinanderliegen, daß ein Kind von Stab zu Stab gehen kann.
Ist nun das Lied gelegt, geht ein Kind unter Singen am Rand der Stäbe entlang.
Andere Kinder wiederholen das Gehen allein oder zu zweit.
Wie dieses Lied, können auch andere gelegt werden.
Möglichkeiten für Notenwerte:

| | |
|---|---|
| Halbe Note· | Rohrrassel |
| | Keule |
| Viertelnote | Rhythmikstab |
| | Klangstab |
| Achtelnote | kurzer Rhythmikstab |
| | kleiner Ball |
| Ganze Note | Quadrat |
| | Medizinball |

Pausen können durch aufgestellte Materialien verdeutlicht werden.

Die Kinder teilen sich in vier Gruppen und beraten, welches Lied sie wie legen werden.
Alle Lieder müssen bekannt sein.

Sie erproben es in der Kleingruppe.
Dann wird der ganzen Gruppe ein Lied vorgelegt und sie versucht anhand des Gelegten das Lied zu erraten.
Ist es erraten, wird es unter gemeinsamen Singen abgegangen.

### TEMPO/ZEIT

Takte, Rhythmen und Lieder langsam und schnell durchgehen und sich ebenso bewegen.

"Wie wirkt das Lied langsam und wie sehen die Bewegungen dazu aus und wie wirkt das gleiche schnell?"

Lieder finden, die innerhalb der Melodie Tempoveränderungen aufweisen.
Diese verarbeiten.

Ebenso mit Versen verfahren.
**Dazu ein Beispiel:**
Bin ein Schuster
tief im Duster
flick ich Schuhe **langsam**
ohne Ruhe
ohne Essen
alles hat die Katz gefressen. **schnell**

Alle Kinder stehen verteilt im Raum.
Sie bekommen taktil einfache, aber sich im Tempo verändernde Musik angeboten (selbst Musik machen oder Schallplatte).
Sie hören gesammelt das Musikstück an.
Bei der Wiederholung bewegen sie sich angepaßt an Takt, Rhythmus und Tempo durch den Raum.

Ein Kind stellt seine Bewegungsform vor.
Alle wiederholen sie.
Ein anderes Kind ist dran und so weiter.
Zum Schluß einigen sich alle Kinder auf eine Form. Es ist dann ihre Bewegungsform zu dieser Musik.
Sie kann vertieft werden und so eine kleine Vorführung für den nächsten Elterntag sein.
Sie kann bei anderen Kindern vorgeführt werden und diese dann in die Wiederholung mit einbeziehen.
Hier eröffnet sich ein weites Feld für kreative Tätigkeit.

**Bezug:** Takte, Rhythmen und Tempi.
**Aufgabe:** Stelle vorgegebene Takte durch Striche unterschiedlicher Länge dar.
**Material:** Papier, Filzstifte.
**Durchführung:** Der Takt wird langsam geschlagen (Handtrommel) oder geklatscht. Dies übernimmt zunächst der Lehrende selbst. Während des Schlagens/Klatschen des Taktes stellen die Kinder diesen durch lange und kurze senkrechte Striche dar.
Laut = langer Strich,
leise = kurzer Strich.

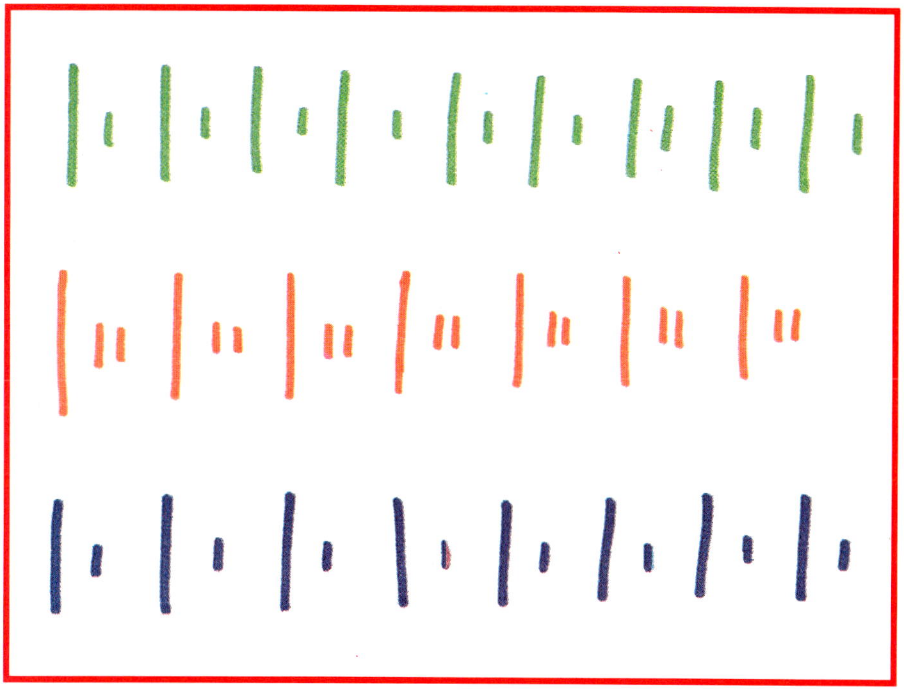

**Bezug:** Takte, Rhythmen und Tempi.
**Aufgabe:** Stelle vorgegebene Takte durch Striche unterschiedlicher Länge und Farbe dar.
**Material:** Papier, Filzstifte.
**Durchführung:** Der Takt wird vom Lehrenden langsam geschlagen. Währenddessen stellen die Kinder den Takt durch lange und kurze, senkrecht oder waagerecht gezeichnete Striche dar. Jetzt wird für laut = langer Strich eine andere Farbe benutzt als für leise = kurzer Strich.
**Erweiterung:** Diese Übung kann auch zweihändig ausgeführt werden.

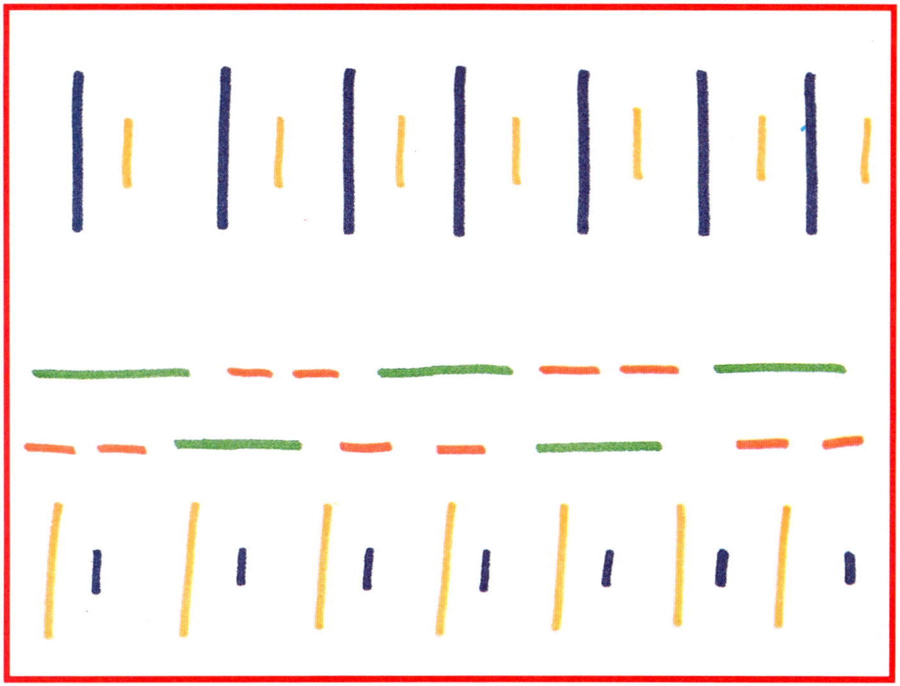

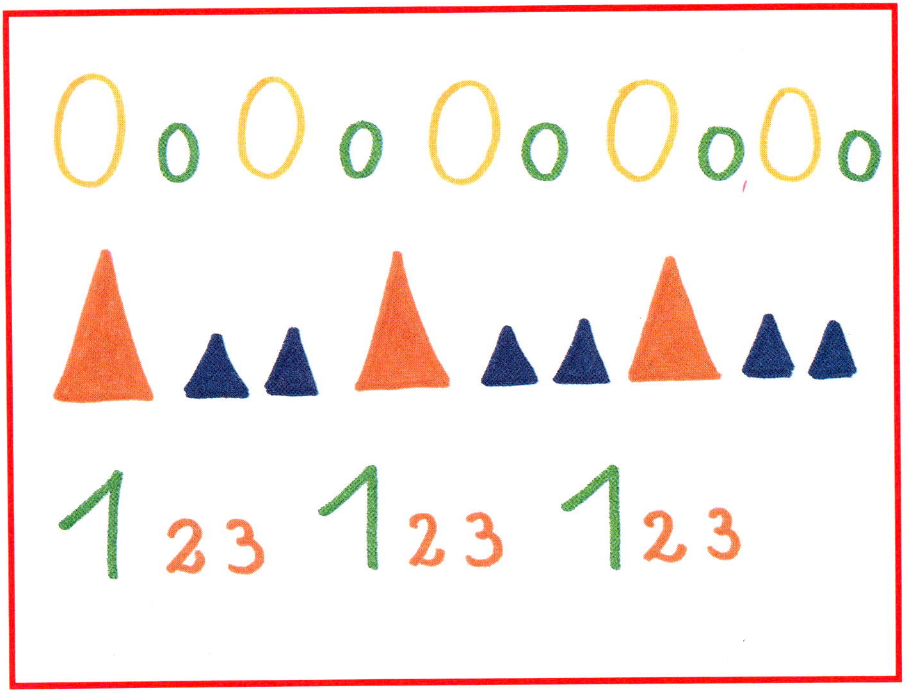

**Bezug:** Takte, Rhythmen und Tempi.
**Aufgabe:** Finde weitere Möglichkeiten, Takte bildlich darzustellen.
**Material:** Papier, Filzstifte.
**Durchführung:** Anhand der hier gezeigten, von den Kindern nachgearbeiteten Beispiele, können die Kinder dann eigene Möglichkeiten zur bildlichen Taktdarstellung erfinden.
**Achtung:** Je nach dem, welche Formen der Taktdarstellung gewählt werden, ist es nicht mehr möglich, den Takt während des Zeichnens zu schlagen, da die Ausführung der Darstellung zu lange dauert. Die Kinder müssen sich den Takt immer wieder vorstellen.

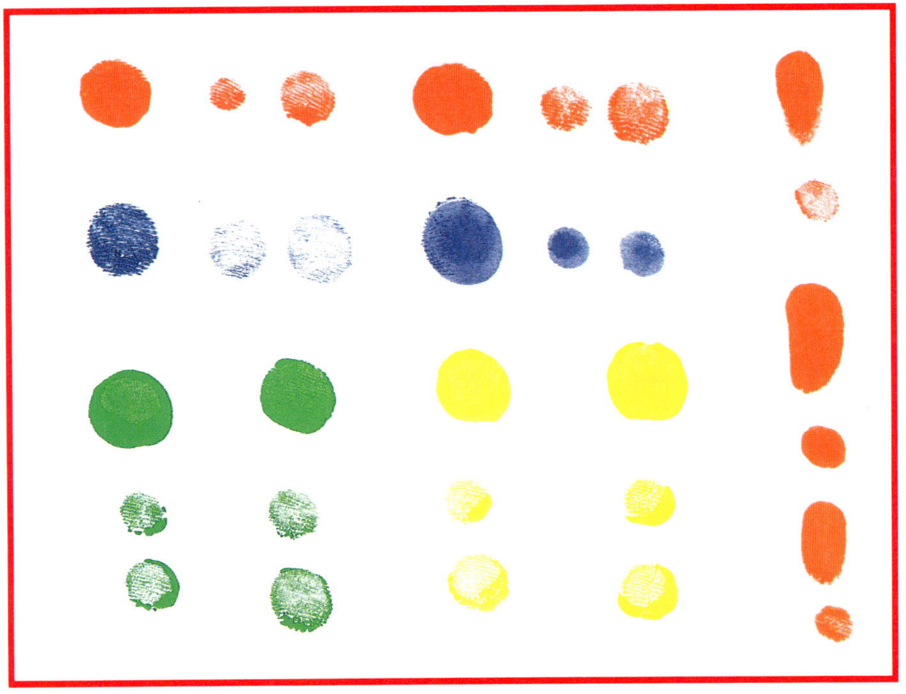

**Bezug:** Takte, Rhythmen und Tempi.
**Aufgabe:** Stelle vorgegebene Takte durch "Fingertupfen" dar.
**Material:** Papier, Wasser- oder Fingerfarben.
**Durchführung:** Der Takt wird langsam geschlagen oder geklatscht. Vor jedem Takt nehmen die Kinder mit einem Finger nur einmal Farbe auf. So ergibt sich beim Auftupfen auf das Papier:
Laut = großer Tupfen, starker Fingerdruck, kräftiger Farbauftrag.
Leise = kleiner Tupfen, leichter Fingerdruck, leichter Farbauftrag.

**Bezug:** Takte, Rhythmen und Tempi.
**Aufgabe:** Stelle die lauten und leisen Teile eines Taktes durch helle und dunkle Farbtöne dar.
**Material:** Papier, Wasserfarben.
**Durchführung:** Die Kinder arbeiten mit zwei Pinseln. Die linke Hand hält den in dunkle Farbe getauchten Pinsel, die rechte Hand den in helle Farbe getauchten Pinsel.
Der Takt wird langsam geschlagen oder geklatscht. Dabei stellen die Kinder den lauten Taktteil durch eine dunkle Farbe (z. B. dunkelblau), den leisen Taktteil durch eine helle Farbe (z. B. gelb) dar.
**Hinweise:** Bei dieser Taktdarstellung kann statt der waagerechten Striche auch eine andere Möglichkeit der Darstellung gewählt werden. Hier kommt es auf den Gegensatz hell/dunkel an.

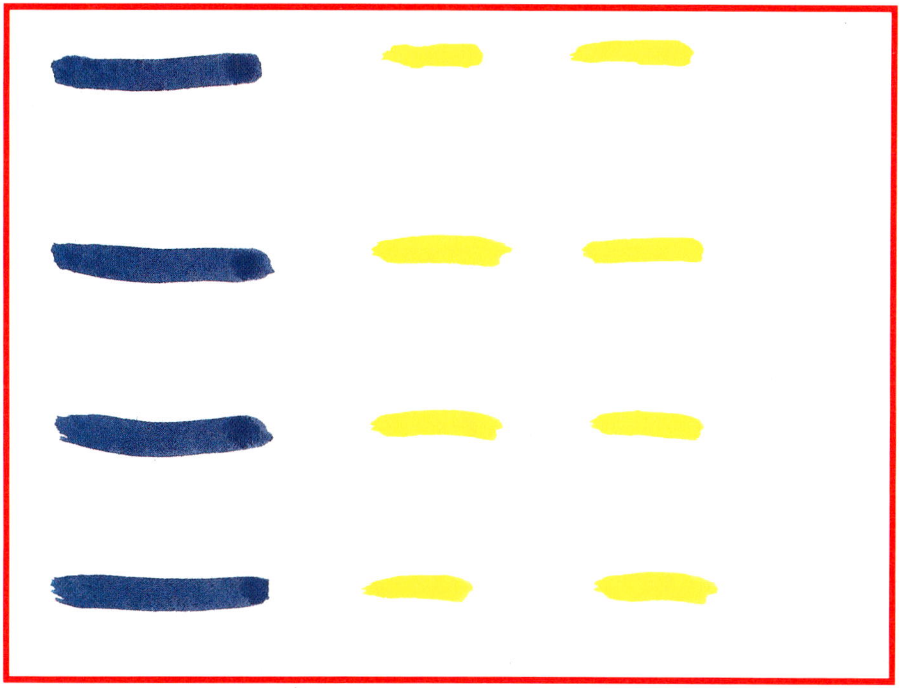

**Bezug:** Takte, Rhythmen und Tempi.
**Aufgabe:** Stelle das "Laut", "Mittel", "Leise" eines Taktes durch unterschiedliche Farbgebung dar.
**Material:** Papier, Filzstifte.
**Durchführung:** Die Kinder stellen den Takt durch gleiche Formen, z. B. Kreise dar. Hier ändert sich je nach Taktteil nur die Farbe.
**Achtung:** Da die Kinder bei dieser Aufgabe die Stifte mehrmals wechseln müssen, sollte man während des Zeichnens auf das Schlagen des Taktes verzichten.
**Erweiterung:** Aus dieser Übung läßt sich ein Ratespiel entwickeln. Ein Kind stellt einen Takt dar, ein anderes versucht zu erkennen, um welchen Takt es sich handelt. Das ist bei dieser Darstellungsweise nicht einfach.

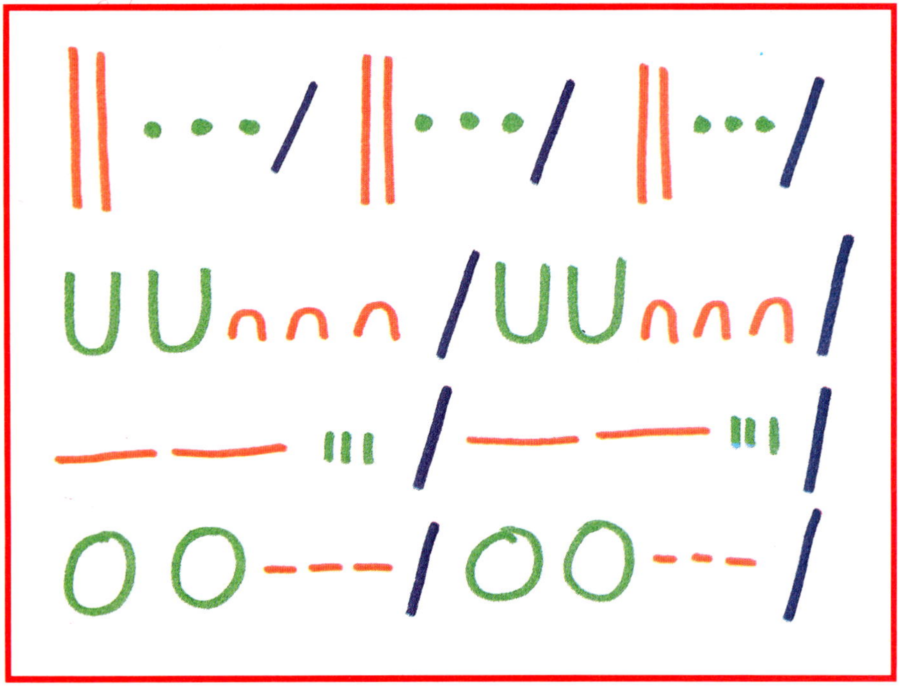

**Bezug:** Takte, Rhythmen und Tempi.
**Aufgabe:** Stelle den Rhythmus ”cha-cha-cha” durch unterschiedliche Zeichen und Farben dar.
**Material:** Papier, Filzstifte.
**Durchführung:** Es wird langsam gesprochen, dazu geschlagen oder geklatscht: ”Eins, zwei - cha, cha, cha.” Vor jeder Wiederholung des Rhythmusses darf die deutliche Pause nicht vergessen werden.

Diese veranschaulicht man entweder durch einen Augenblick der Ruhe oder durch ein anderes Zeichen.

Währenddessen stellen die Kinder den Rhythmus durch unterschiedliche Zeichen dar.

Auch die Farben werden gewechselt.
Z. B. eins, zwei = rot, cha, cha, cha = grün, Pause = blau.

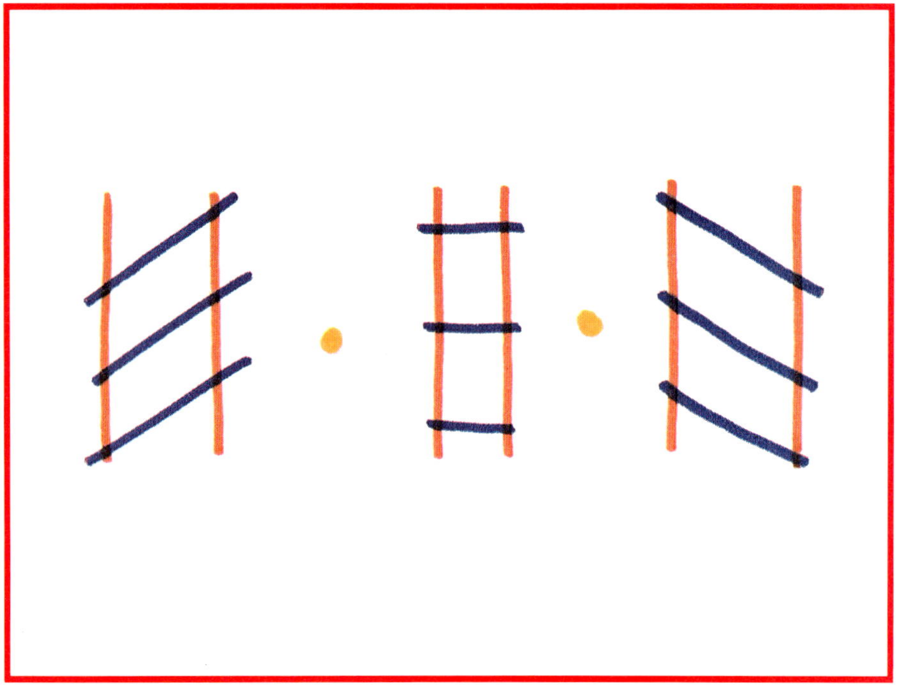

**Bezug:** Takte, Rhythmen und Tempi.
**Aufgabe:** Stelle den Rhythmus ”cha-cha-cha” durch eine geschlossene Form dar.
**Material:** Papier, Filzstifte.
**Durchführung:** Der Rhythmus wird langsam geschlagen oder geklatscht, währenddessen von den Kindern durch eine geschlossene Form, z. B. eine Leiterform, dargestellt. Die Pause zeigt ein Punkt an.

**Bezug:** Takte, Rhythmen und Tempi.
**Aufgabe:** Stelle den Rhythmus "cha-cha-cha" durch eine zusammenhängende Linie dar.
**Material:** Papier, Filzstifte.
**Durchführung:** Der Rhythmus wird hier durch eine Zick-Zack-Linie dargestellt. Eins-zwei = große Zacke, cha-cha-cha = kleine Zacke.
Die Pause zeigt eine Linienunterbrechung. Der Rhythmus wird während des Zeichnens langsam geklatscht oder geschlagen.

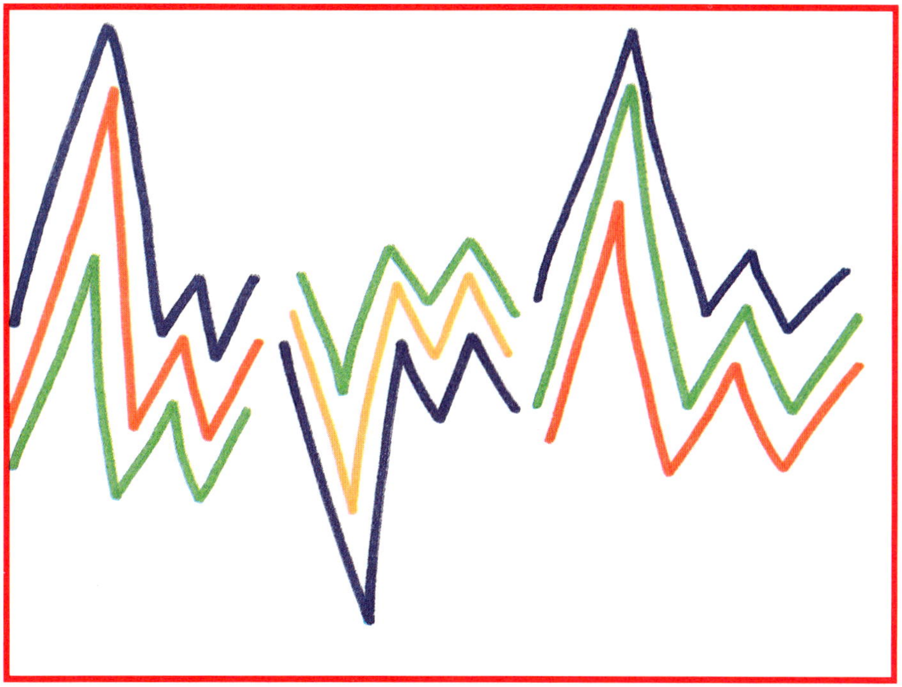

**Bezug:** Takte, Rhythmen und Tempi.
**Aufgabe:** Stelle den Rhythmus eines Liedes, z. B. "Liebe, liebe Sonne . . ." durch Striche dar.
**Material:** Papier, Filzstifte.
**Durchführung:** Das Lied wird gemeinsam gesungen. Während des Singens zeichnen die Kinder die kurzen Töne als waagerechte Striche, die langen Töne als senkrechte Striche.

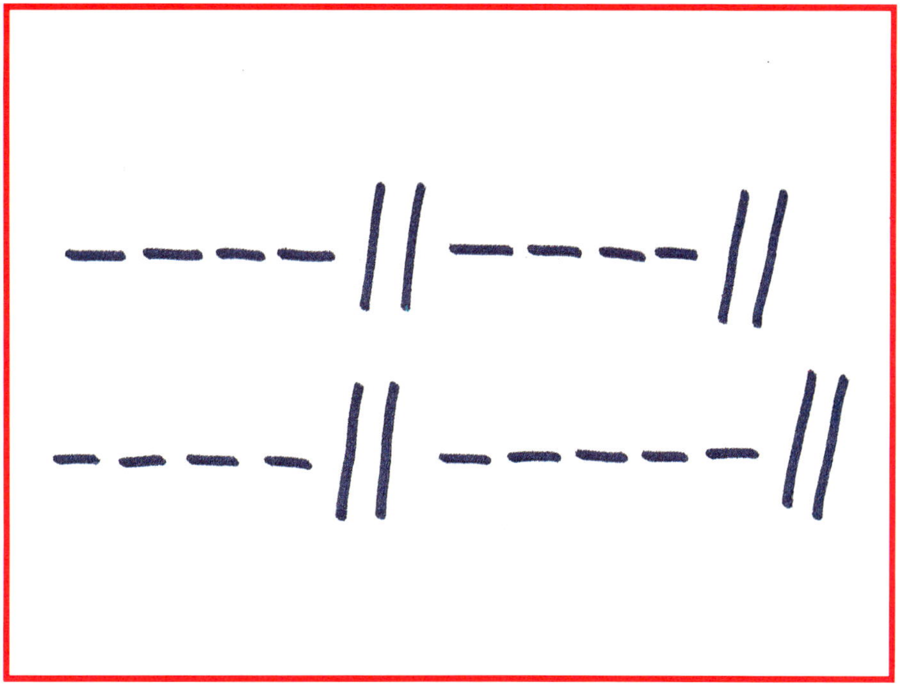

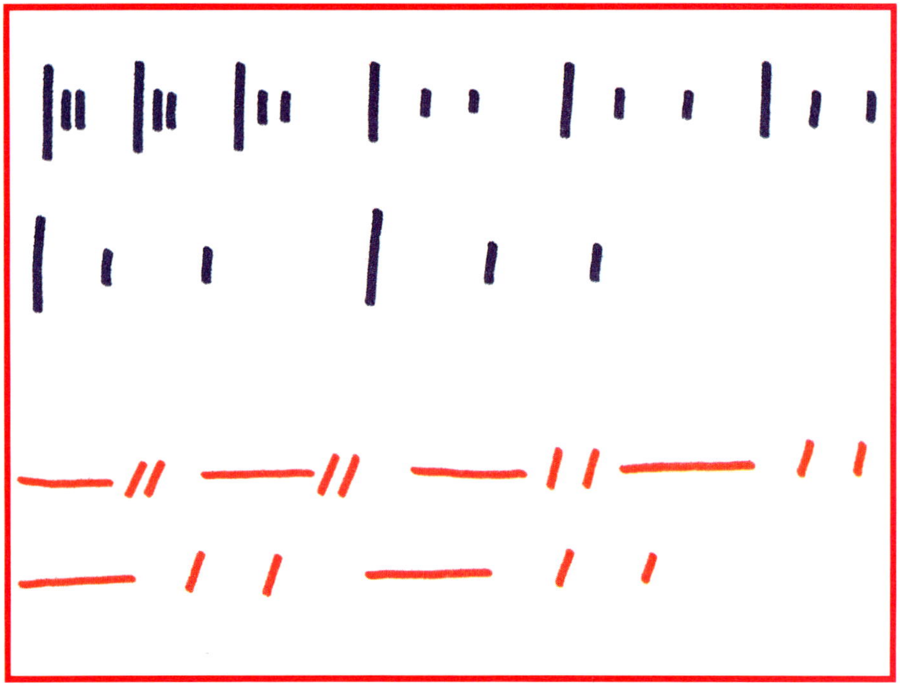

**Bezug:** Takte, Rhythmen und Tempi.
**Aufgabe:** Stelle einen vorgegebenen Takt, der immer langsamer geschlagen wird, durch Striche dar.
**Material:** Papier, Filzstifte.
**Durchführung:** Der Takt wird geschlagen oder geklatscht. Zunächst schnell, dann immer langsamer werdend. Dementsprechend zeichnen die Kinder die entsprechenden Striche auf das Papier. Je langsamer der Takt geschlagen wird, desto weiter wird der Abstand zwischen den Strichen.

**Bezug:** Takte, Rhythmen und Tempi.
**Aufgabe:** Stelle das Tempo eines gesprochenen Verses durch gegensätzliche Linien dar.
**Material:** Papier, Filzstifte.
**Durchführung:** Ein Vers, z. B. "Bin ein Schuster . . ." wird gesprochen. Während des langsamen Sprechens zeichnen die Kinder langsam Schlangenlinien. Kommt man zu dem schnell gesprochenen Teil, wird aus der Schlangenlinie eine schnell gezeichnete Zick-Zack-Linie.

**Bezug:** Takte, Rhythmen und Tempi.
**Aufgabe:** Male nach dem Rhythmus eines Liedes/Musikstückes ein ungegenständliches Bild mit kräftigen Pinselstrichen.
**Material:** Papier, Wasserfarbe, Borstenpinsel oder dicker Pinsel.
**Durchführung:** Ein Lied wird gesungen oder ein Musikstück wird gespielt. Dabei malen die Kinder kräftige Pinselstriche nach dem Rhythmus auf das Papier. Die Striche sollten auch übereinander gesetzt werden, um reizvolle Farbeffekte zu erzielen.
**Achtung:** Vor dem Beginn muß der Unterschied zwischen "gegenständlich" und "ungegenständlich" verdeutlicht werden.

# Musik erfahren und in Farbe und Form umsetzen

**ZIELE**

- Schulung des imaginären Erlebens
- Imaginäres Erleben sichtbar machen
- Lernen, sich auf eine Aktivität über längere Zeit hin zu konzentrieren
- Eigenerleben mitteilen und mit dem des anderen koordinieren
- Sich in das Erleben des anderen hineindenken
- Allein und in der Gruppe kreativ tätig werden
- Und früher Gelerntes voll einsetzen Bewegungsformen koordinieren
- Eigene Bewegungsformen kontrollieren
- Und verbessern
- Auf Grund von Erfahrungen weitere Bewegungsmöglichkeiten entdekken und vermitteln.

### MIT KLÄNGEN, TÖNEN, KLANG- UND TONFOLGEN TÄTIG WERDEN

Die Kinder sitzen in bequemer Haltung verteilt im Raum.
Ein hängendes Becken wird mittelstark angeschlagen.
Sie lauschen dem Klang nach. Wer nichts mehr hört, hebt den Arm hoch.

Sie schließen die Augen und hören wieder dem hängenden Becken nach.

Nun stehen die Kinder mit ganz leicht gegrätschten Beinen (sicherer Stand).
Von Beginn bis Ende des Klanges führen sie stehend eine Bewegung aus, die dem Gefühl des jeweiligen Kindes angepaßt ist.

Beim nächsten Anschlagen führen sie die gleiche Bewegung noch einmal mit geschlossenen Augen aus und versuchen sie noch zu verbessern oder zu intensivieren.

**Beispiel:** Die Armbewegung wird ausholender.
Die Neigungen des Rumpfes werden tiefer.
Auch der Kopf wird mitgenommen.
Die Arme werden eingesetzt.

"Wer möchte seine Bewegung zeigen?" Die gezeigte Bewegungsform wird von allen Kindern wiederholt. So fühlen sie sich in andere Bewegungsformen ein und können daraus eigene, neue entwickeln.

"Jedes Kind macht jetzt eine andere Bewegung als vorher".

Die Kinder stehen mit geschlossenen Füßen auf ihrem Platz.
Das hängende Becken wird angeschlagen.

Solange jedes Kind den Klang hört, soll es leise eine Form gehen.

Die jeweilige Form wird wiederum gezeigt. Das nächste Mal geht jedes Kind eine andere Form.

Zwei Kinder stellen sich jeweils im Raum verteilt zusammen.
Sie fassen sich entweder an einer oder an beiden Händen an.
Es ist kurze Zeit Ruhe und die Kinder stehen ruhig (ohne Bewegung) und konzentriert.
Beim Anschlagen des Beckens versuchen sie ohne vorherige Absprache ganz aus der Konzentration zueinander eine gemeinsame Bewegungsform zu finden.
Diese wird wiederum vorgeführt und von allen Paaren wiederholt.

Zum Schlag des hängenden Beckens verbinden sie Stand- und Gehbewegungsform.
Diese wird wiederum vorgeführt und nachgemacht.

Zu Paaren verbinden die Kinder Stand- und Gehbewegungsform.

Es werden vier Kindergruppen gebildet.
Sie stehen jeweils in Kreisform und sprechen eine gemeinsame, kombinierte Bewegungsform ab.
Diesmal wird das hängende Becken mit langem Zeitraum zweimal hintereinander angeschlagen, um den Kindern Gelegenheit zu geben, ihre besprochene Form aufeinander abzustimmen. Gibt es dabei viele Schwierigkeiten, sollte man wiederholen.

Wiederum wird die Gruppenarbeit vorgestellt und nachvollzogen.
Danach stellen alle Kinder sich zum großen Kreis auf und versuchen als Gruppe die einzelnen Kleingruppenaktivitäten nachzuvollziehen. Auch hier ist zweimaliger Beckenanschlag nötig.

Die Kinder stehen in zwei Linien gegenüber ca. fünf Meter auseinander.
Bei Beckenschlag gehen sie sich als Linie angleichend solange aufeinander zu, bis sie nichts mehr hören.

**Achtung:** Am besten ist es, die Kinder barfuß gehen zu lassen. Um ganz leise zu sein, müssen sie vorsichtig die Füße aufsetzen und tun dies zumeist zuerst mit dem Zehenballen. So hat oben beschriebene Übung gleichzeitig als Nebeneffekt Fußkräftigung.

Rhythmikmaterial wird an einer Seite des Raumes ausgelegt.
Die Farben werden kurz angesprochen: Rot, gelb, grün, blau.
Die Kinder legen sich entspannt, verteilt im Raum, auf den Boden. Sie liegen eine Weile ganz ruhig.
"Wenn Ihr den Klang des hängenden Beckens hört, so stellt Euch eine Farbe aus unserem Rhythmikmaterial vor!"
Das hängende Becken wird angeschlagen.
Man gibt den Kindern reichlich Zeit bis: "Holt euch die Farben die ihr euch vorgestellt habt!"
Die Kinder stehen auf ihrem Platz und jedes Kind bewegt sich zum Beckenschlag mit seinem Material.

Es werden Farbengruppen gebildet, die wie oben beschrieben agieren.

## MIT MUSIK TÄTIG WERDEN

"Verteilt euch im großen Kreis so, daß sich die Farben gleichmäßig abwechseln!"

Ebenso wie das hängende Becken kann man eine Triangel, Metallophon (bitte immer den gleichen, zweckmäßig einen tiefen Ton anschlagen) Ton eines Seiteninstrumentes, eine Flöte oder ein anderes Instrument, aus dem man lange Töne oder Klänge erzeugen kann, einsetzen.

Auf einem Metallophon oder einer Flöte wird eine ganz einfache, sich wiederholende Tonfolge gespielt.

**Beispiel:** Zu jeder Folge findet das Kind oder die Gruppe eine sich wiederholende Bewegungsform, wie sie aus der Tonfolge hervorgeht.
Bewegungs- und Farberleben können, wie für das hängende Becken erarbeitet werden.
**Achtung:** Vor Tonfolgen sollten eingehend mehrere Ton- und Klangerfahrungen gesammelt werden.

Im Behindertenbereich die Übungsschritte ganz langsam machen. Hier ist "weniger mehr".

Nach den Klang- und Tonfolgenerfahrungen können die Kinder nun auch das früher Erlebte zu einfachen Melodien und danach zu Musik auf mehreren Instrumenten einsetzen.

Die Kinder sitzen verteilt im Raum und hören eine einfache Melodie, die, wenn auf Klavier gespielt, ohne Begleitung sein sollte.
Sie haben bei der Wiederholung die Augen geschlossen und lassen sich in kleine Bewegungen ein. Sie stellen sich dabei vor, wie sie in der Stand- und Fortbewegung agieren würden.
Sie hören sich die Melodie ein zweites Mal an, vertiefen ihre Bewegungsvorstellung oder ändern sie ab.
Sie stehen auf, stehen ruhig bei geschlossenen Augen und stellen sich noch einmal, aber ohne Musik, ihre Bewegungsform vor.
Nun wird die Melodie zweimal gespielt. Dazu bewegen sich die Kinder.

"Ich spiele die Melodie noch einmal. Ihr bewegt euch dazu und überlegt dabei, welche Farbe ihr bei meiner Melodie zu Eurer Bewegungsform haben wollt."

Den Einzelaktionen können wieder verschiedene Gruppenaktionen folgen.

Es wird mit zwei verschiedenen Instrumenten gespielt.
Nach entsprechendem Zuhören holt sich jedes Kind zwei Rhythmikteile verschiedener Farben. Bevor die Kinder nun in ihren Bewegungsformen, die sie mit den Rhythmikteilen koordinieren, tätig werden, sagen sie, welche Farbe für welches Instrument gedacht ist.
**Erweiterung:** Drei oder vier verschiedene Instrumente werden eingesetzt.

**Anmerkung:** Welche Melodie oder welches Musikstück gewählt wird, muß dem Lehrenden überlassen bleiben, denn nur er weiß, was er der jeweiligen Gruppe anbieten kann.
Wichtig ist, daß die Kinder sich nicht überfordert fühlen, denn sonst können sie keine Kreativität entwickeln.

Formen und Farbenerlebnisse lassen sich durchaus bei größeren Kindern mit Musik von Platte und Band, Klassik, Moderne und Folklore, mit guten Ergebnissen, bei intensiver Vorarbeit einsetzen.

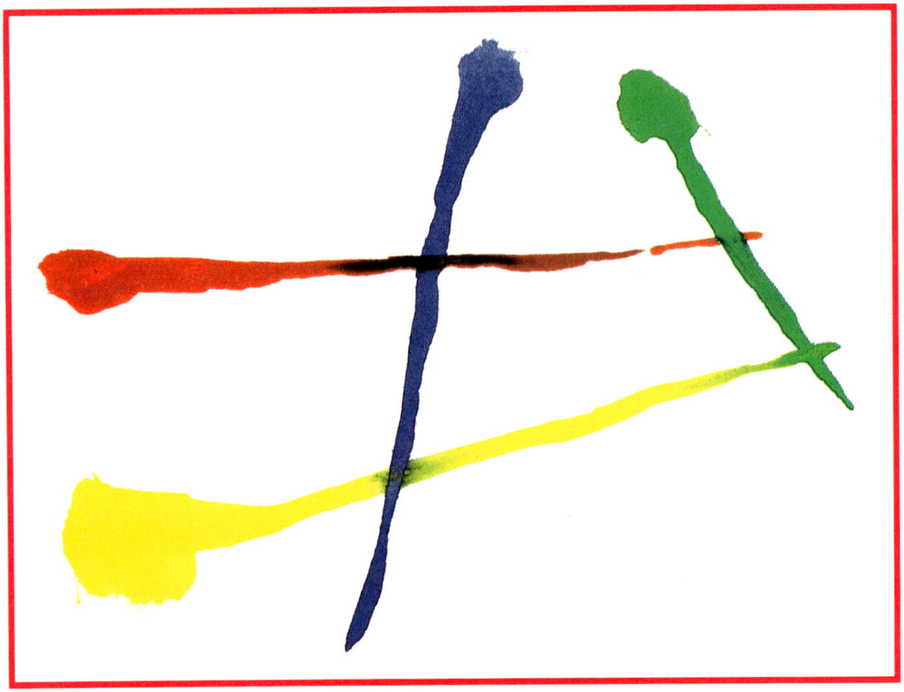

**Bezug:** Musik erfahren und in Farbe und Form umsetzen.
**Aufgabe:** Stelle den Verlauf eines Tones durch eine gerade verlaufende Linie dar.
**Material:** Papier, Wasserfarben.
**Durchführung:** Ein hängendes Becken wird angeschlagen. Die Kinder setzen bei Beginn des Tones den Pinsel auf das Papier und malen so lange eine Linie, bis der Ton verklungen ist.

**Bezug:** Musik erfahren und in Farbe und Form umsetzen.
**Aufgabe:** Stelle den Verlauf eines Tones durch eine erfundene Linie dar.
**Material:** Papier, Wasserfarben.
**Durchführung:** Ein hängendes Becken wird angeschlagen. Jetzt verläuft die Linie, die den verklingenden Ton darstellt, nicht gerade, sondern in jede beliebige Richtung.

**Bezug:** Musik erfahren und in Farbe und Form umsetzen.
**Aufgabe:** Stelle verschiedene Instrumente durch verschiedene Farben dar.
**Beispiel:**
Klangstäbe = grün
Handtrommel = rot
Triangel = gelb
Schellenbänder = blau.
**Material:** Papier, Wasserfarben, dicker Pinsel.
**Durchführung:** Ein Instrument wird angeschlagen. Die Kinder malen einen dicken Pinselstrich in der jeweiligen Farbe auf ihr Blatt.
**Hinweise:** Bei jüngeren Kindern empfiehlt es sich, gemeinsam festzulegen, welche Farbe für welches Instrument stehen soll. Älteren Kindern kann man die Aufgabe stellen: Welche Farbe empfindest du beim Anschlagen dieses Instruments?

**Bezug:** Musik erfahren und in Farbe und Form umsetzen
**Aufgabe:** Entwickle ein Farbband. Setze für jedes Instrument eine andere Farbe. Spiele nach dem Farbband.
**Material:** Papier, Wasserfarben.
**Durchführung:** Mit Hilfe der zuvor entwickelten Kombination Farbe-Instrument malen die Kinder ein frei erfundenes Farbband. Dann schlagen sie nach diesem Farbband das dazugehörige Instrument an.
**Erweiterung:** Das Spielen nach dem Farbband wird fließender, wenn vier Kinder je ein anderes Instrument spielen.

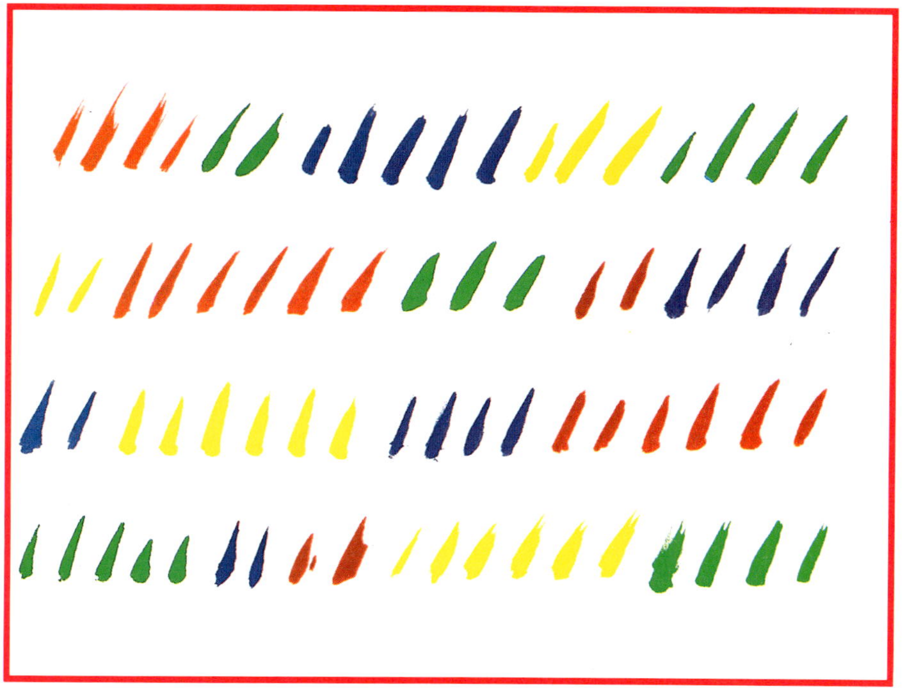

**Bezug:** Musik erfahren und in Farbe und Form umsetzen.
**Aufgabe:** Male ein Bild zu dem Lied ”Alle meine Entchen . . .”
**Material:** Papier, Wasserfarben.
**Durchführung:** Das Lied ”Alle meine Entchen . . .” wird gemeinsam gesungen. Anschließend malen die Kinder ein Bild, das den Inhalt des Liedes zum Thema hat.

**Bezug:** Musik erfahren und in Farbe und Form umsetzen.
**Aufgabe:** Welche Landschaft paßt zu diesem Musikstück?
Male sie!
**Material:** Papier, Wasserfarben.
**Durchführung:** Ein Musikstück, z. B. die Alpensymphonie von Bruckner wird gespielt. Die Kinder versuchen zunächst sich eine Landschaft zu dieser Musik vorzustellen. Nachdem ein Teil des Musikstücks gespielt wurde, beginnen die Kinder, die vorgestellte Landschaft zu malen.
Wenn die Kinder nach dem Ende des Musikstücks ihr Bild noch nicht fertig gemalt haben, wird die Musik wiederholt.

**Bezug:** Musik erfahren und in Farbe und Form umsetzen.
**Aufgabe:** Male nach Musik ein ungegenständliches Bild.
**Material:** Papier, Wasserfarben.
**Durchführung:** Ein Musikstück wird gespielt. Nach ihrem Empfinden setzen die Kinder diese Musik in Farbe und frei erfundene Formen um.
**Hinweise:** Diese Gestaltung eignet sich nur für ältere Kinder, da jüngere Kinder den Unterschied zwischen gegenständlich und ungegenständlich noch nicht erfassen können.

# Gestaltung und Darstellung

**ZIELE**

- Pantomimisch tätig werden
- Seine Rolle in einer Farbe empfinden
- Musik pantomimisch darstellen
- Mit Hilfe von Instrumenten Pantomime vertiefen
- Gestellte Pantomime
- Vorgegebene Themen veranschaulichen
- Eigene Themen gestalten.

**PANTOMIME ERFAHREN**

Das Wesen einer pantomimischen Abfolge liegt darin, daß in ganz intensiver (beinahe übertriebenen) Weise etwas dargestellt wird. Die Abfolge der einzelnen Handlungen muß genau und gut vorher beobachtet sein.

**Beispiel:** Nehmen Sie eine leere Tasse in die Hand und "trinken" Sie daraus. Beobachten Sie, wie hoch Sie die Tasse nehmen und wie weit Sie sie kippen. Füllen Sie die Tasse und trinken bei Eigenbeobachtung.
Die meisten Menschen, würden, wenn sie so tränken, wie bei ihrer pantomimischen Abfolge, viel Flüssigkeit verschütten, weil sie meistens zu weit kippen.

**Tierdarstellung**
"Ihr seid jetzt alle Hunde"
– Katzen
– Affen
– Elefanten
– und so weiter.
Ratespiel: Jedes Kind denkt sich ein Tier aus und erprobt es.
Dann stellt sich jedes Tier vor, um erraten zu werden.

**Anmerkung:** Die Kinder machen dabei die Erfahrung, daß sie um so besser erraten werden, je mehr sie sich als Tier fühlen (in die Rolle schlüpfen) und dadurch als dieses zu agieren vermögen.

**Menschendarstellung**
Die Kinder stehen verteilt im Raum.
"Ihr seid fröhlich"
– traurig
– lustig
– müde
– langsam
–schnell
– und so weiter.
Zuerst stellen sich die Kinder im Stand dar, dann in der Bewegung.

**Märchen- und Geschichtenfiguren**
"Ihr seid der Zauberer"
– die Hexe
– der Kasperle
– die Fee
– und so weiter.

**Beruf und Sport**
"Ihr seid ein Schuhmacher"
– ein Schneider
– ein Anstreicher
– und so weiter
– ein Schnelläufer
– ein Speerwerfer
– ein Schwimmer am Start
– und so weiter.

## TÄTIG WERDEN

Die Kinder stehen verteilt im Raum und stellen eine kleine, vorgegebene Abfolge dar.
"Es regnet. Wir haben keinen Schirm und halten uns deshalb die Schultasche beim Nachhauseweg über den Kopf.
Die Mutter kommt uns entgegen. Sie geht ganz schnell. Sie hält einen Regenschirm, gibt uns einen zweiten, wir spannen ihn auf und gehen so nun trocken und zufrieden nach Hause".

## SEINE ROLLE IN FARBE EMPFINDEN

Die Kinder sitzen im Raum.
Jedes Kind hat Bänder in verschiedenen Farben vor sich liegen.
Sie sitzen mit geschlossenen Augen.
"Ich bin traurig. Welche Farbe wähle ich dazu?"
Sie öffnen die Augen und zeigen die gewählte Farbe hoch.
Oder Begriffe, wie langsam, schnell, hoch, tief und so weiter, werden Farben zugeordnet.

## MUSIK PANTOMIMISCH DARSTELLEN

Die Kinder sitzen verteilt im Raum und hören ein Musikstück.
Bei der Wiederholung schließen sie die Augen und empfinden Möglichkeiten wie:
Diese Musik stimmt mich fröhlich.
Bei dieser Musik möchte ich hüpfen und springen.
Diese Musik macht mich ganz ruhig.

Die Kinder stehen verteilt im Raum.
Sie stehen ganz ruhig und konzentriert.
Mit Beginn der Musik bewegen sie sich so durch den Raum, wie es ihrer Empfindung entspricht. Stellen sie diese Empfindung genügend pantomimisch dar, so kann der Beschauer gut ablesen, welche Gemütsbewegung diese Musik bei den einzelnen Kindern auslöst.

**Anmerkung:** Bei dieser und ähnlichen Aktivitäten ist es sehr schwer, paarweise oder gar in Gruppen zu agieren. Man sollte sie deshalb in der Einzeldarstellung belassen.

## MIT HILFE VON INSTRUMENTEN PANTOMIME VERTIEFEN

Mit Instrumenten des kleinen Schlagwerkes aus dem Orff-Instrumentarium lassen sich einfache pantomimische Darstellungen sehr gut verdeutlichen und vertiefen.

**Ein Beispiel:** Das Schellentrommelgespräch

Zwei Kinder stehen sich gegenüber. Jedes Kind hat eine Schellentrommel in der Hand (da man auf ihr sowohl nur das Fell, als auch nur die Schellen ertönen lassen kann, ist sie durch ihre Variabilität dazu gut zu gebrauchen).

Erstes Kind denkt: "Ich gehe langsam auf dich zu". Es begleitet das betont langsame Gehen mit ruhigen, leisen Schlägen nur auf dem Fell.

Zweites Kind denkt: "Was willst du von mir?", schaut das Gegenüber vorsichtig an und weicht zurück, begleitet von schnellen, kleinen Schlägen.

Erstes Kind denkt: "Hast du Angst vor mir?", geht vorsichtig mit verhaltenen Schlägen nur mit den Schellen auf das andere Kind zu.

Zweites Kind steht still und fest auf seinem Platz und denkt: "Mal sehen, was das Kind von mir will. Ich bleibe hier". Es begleitet sich mit einem festen Fellschlag, macht eine Pause und schlägt noch einmal.

Erstes Kind: schlägt Cha-cha-cha-Rhythmus und beginnt um das andere herumzutanzen mit Gebärden, die zum Partnertanz einladen.

Das zweite Kind nimmt die Einladung an und beide tanzen, sich begleitend, im Cha-cha-cha-Rhythmus.

Wenn zwei Kinder Gebärden und Schellentrommeln sprechen lassen, dann sollte nach Möglichkeit der Ablauf vorher nicht abgesprochen werden. Dadurch müssen die Kinder sich ganz auf den jeweiligen Partner einstellen und versuchen seine Gedankengänge in etwa zu ertasten.

**Erweiterung:** Selbstverständlich kann auch eine vorgegebene Szene dargestellt und mit verschiedenen Instrumenten begleitet werden. Dies wird aber meistens erst dann zufriedenstellend sein, wenn wie oben beschrieben, kreative Aktivitäten vorausgegangen sind.

## GESTELLTE PANTOMIME

Die Kinder stehen verteilt im Raum.
Es wird darüber gesprochen, was ein Denkmal ist.
"Seid alle einmal ein stehender Herr, der in die Ferne sieht".
– Ein Reiterdenkmal
– Eine liegende Frau
– und so weiter.
Ein Spiel daraus entwickeln

Die Kinder sitzen im Kreis.
Ein Kind tritt in die Mitte und stellt sich als Denkmal auf.
Es soll geraten werden.
Wer zuerst das denkmal errät, darf nächstes Denkmal sein.

Gruppendenkmale raten
Die Kinder bilden verschiedene Gruppen.
Sie stellen sich zu Gruppendenkmalen auf, ohne daß die Kinder ihre Probe sehen können.
Jede Gruppe zeigt ein Denkmal.
Es soll erraten werden.

Themen dazu:
Mutter und Kind
Arbeiterdenkmal
Brunnenfiguren
Olympia
und so weiter.

**Anmerkung:** Dieses Spiel ist nur für größere, geübte Kinder geeignet.

## THEMEN VERANSCHAULICHEN

**Themen:**

Verse
Gedichte
Lieder (erzählen)
Geschichten
Märchen
selbst erfundene Abläufe.

Zuerst wird das Thema festgelegt.
Dann üben sich alle Kinder in allen Aktivitäten.
Jetzt erst ist Rollenverteilung.
Das Thema wird von einem Sprecher vorgetragen und von den einzelnen Kindern pantomimisch gestaltet.

**Erweiterung:** Musik kommt hinzu
Kostüme und Kulissen werden erstellt.
So kommt eine Darstellung zustande, bei der nur durch die Körpersprache, verbunden mit dem Wort des Erzählers, ausgedrückt wird, welchen Inhalt das Thema hat.

**Anmerkung:** Pantomimische Darstellung von Geschichten und Märchen, unterstützt durch einen Erzähler ist für Knder reizvoll und aktivierend, weil sie sich voll auf ihre Darstellung konzentrieren können und sich nicht mit freiem oder auswendig gelernten text (in ihrer Aufregung bei der Aufführung) herumplagen müssen.

Zur Darstellung die Sprache heranzuziehen wäre der nächste Schritt.
Zusätzliche Musik und eigene, die die Pantomime vertieft, werden durchaus auch in längeren Darstellungen bewältigt.

**Bezug:** Gestaltung und Darstellung.
**Aufgabe:** Male das Tier, das du dargestellt hast.
**Material:** Papier, Wasserfarben.
**Durchführung:** Die Kinder malen das Tier, das sie jeweils dargestellt haben.

**Bezug:** Gestaltung ung Darstellung.
**Aufgabe:** Male: "Wenn du eine Maus wärst . . .".
**Material:** Papier, Filzstifte.
**Durchführung:** Die Kinder stellen sich vor, eine Maus zu sein. Sie erleben ihre Umwelt aus der Mäuseperspektive. So erscheinen zum Beispiel die Gräser und Blumen sehr groß.
Diese Größenverhältnisse finden sich in ihrem Bild wieder.

**Bezug:** Gestaltung und Darstellung.
**Aufgabe:** Welche Märchenfigur hast du dargestellt? Male sie.
**Material:** Papier, Filzstifte.
**Durchführung:** Die Kinder malen die Figur, die sie dargestellt haben, z. B. die Hexe aus "Hänsel und Gretel".

**Bezug:** Gestaltung und Darstellung.
**Aufgabe:** Male eine Szene aus der Geschichte, in der diese Figur vorkommt.
**Material:** Papier, Filzstifte.
**Durchführung:** Die Kinder malen eine Szene aus der Geschichte, in der diese Figur vorkommt, z. B. Hänsel und Gretel. Hinter ihrem Fenster sieht die Hexe die beiden Kinder auf ihr Haus zukommen.

**Bezug:** Gestaltung und Darstellung.
**Aufgabe:** Welche Sportart hast du dargestellt? Male sie.
**Material:** Papier, Filzstifte.
**Durchführung:** Die Kinder malen die Sportart, die sie dargestellt haben.

**Bezug:** Gestaltung und Darstellung.
**Aufgabe:** Male ein fröhliches und ein trauriges Kind.
**Material:** Papier, Filzstifte.
**Durchführung:** Die Kinder malen ein Kind mit fröhlichem Gesicht neben eines mit traurigem Gesicht.

# Musische Stunde

**Ganzheitliche Bewegungserziehung · Spielgestaltung**
**Musikalische Früherziehung · Darstellung · Tanz**

## Musische Stunde

Die Musische Stunde bringt Arbeitsblätter zu folgenden Bereichen: Ganzheitliche Bewegungserziehung, Spielgestaltung, Musikalische Früherziehung, Darstellung und Tanz.

Alle Anregungen sind zusammen mit Kindern entstanden, auch mit Behinderten wurden die Lehr- und Lernmodelle erfolgreich durchgeführt.

Schrittweise sind die einzelnen Themen aufgebaut, mit Freiraum für eigene Ideen.

Mit Bezug untereinander, um die ganzheitliche Förderung der Kinder zu erreichen. Alle Themen sind ohne große Vorbereitungszeit leicht nachzuvollziehen.

Überzeugen Sie sich selbst, wie nützlich die Musische Stunde ist.

## Abo-Leistungen.

● 12 Arbeitsblätter und ein Registerblatt erscheinen pro Jahr und werden in zwei Aussendungen (März und Oktober) verschickt.

● Jedes Lehrblatt umfaßt sechs Seiten. Die Titelseite ist vierfarbig gedruckt.

● Das Abonnement kostet pro Jahr nur DM 18,–. (Stand 1987).

## Zusätzlicher Service.

● Alle bereits seit 1985 erschienenen Arbeitsblätter sind komplett nachlieferbar.

● Für die übersichtliche Aufbewahrung gibt es den Plastik-Ringordner. Fassungsvermögen 8 Jahrgänge

**Verlangen Sie bitte den Info-Prospekt 453 beim ALS-Verlag GmbH. Postfach 700152, 6000 Frankfurt/Main 70**